YUMMY MAMI RUCKZUCK KOCHBUCH

SCHNELLE UND GESUNDE REZEPTE FÜR FAMILIEN

YUMMY MAMI RUCKZUCK KOCHBUCH

INHALT

REZEPTE

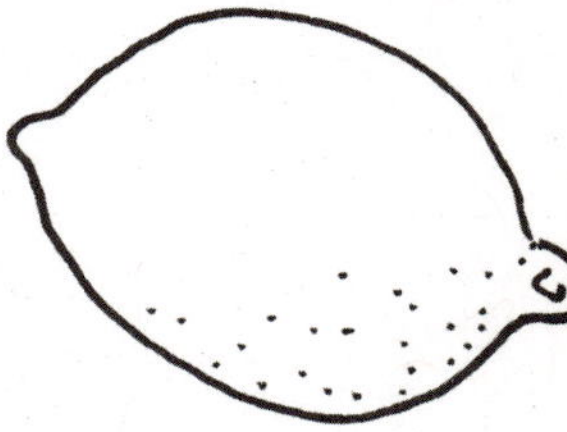

REZEPTE IM DETAIL

1, 2, 3 FRÜHSTÜCK

SCHNELL AUF DEN TISCH

WOCHENENDSCHMAUS

FIX MITGENOMMEN

SÜSSES IN REKORDZEIT

= vegetarisch
= tiefkühlgeeignet

FÜR DIE ALLERKLEINSTEN

YUMMY MAMI!

Schmeckt nicht, gibt´s nicht

Lecker soll das Essen sein, gesund – und möglichst auch noch schnell gemacht. Geht nicht? Gibt`s nicht! In diesem Buch finden Sie: Rezepte, die ruckzuck und easy zu kochen und dabei gesund sind und zugleich allen schmecken, von den Allerkleinsten bis zum Teenie. Vom flotten Frühstück über Gerichte, die in weniger als 30 Minuten auf dem Tisch stehen, bis hin zu To-go-Ideen, Blitzdesserts und Breien für die Kleinsten ist hier für jede Altersstufe und jeden Geschmack etwas dabei.
Mit einem cremig-warmen Porridge im Bauch kann die ganze Familie satt und gesund in den Tag starten – und es ist in wenigen Minuten zubereitet. Vegetarier freuen sich mittags über Gemüsebratlinge oder Flammkuchen in den unterschiedlichsten Varianten und auch für Fleischesser gibt es eine große Anzahl an Rezepten. Und wie wäre es beispielsweise mit einem blitzschnellen Quarkeis (zuckerzusatzfrei!) als Nachtisch, das größere Kinder alleine vorbereiten und kleinere Kinder ab einem Jahr mitessen können?

Ruckzuck auf den Tisch

Es gibt immer wieder Tage, an denen die Zeit knapp ist, Sie aber trotzdem etwas Vernünftiges auf den Teller bringen möchten. Das ist im wuseligen Alltag eine Herausforderung. Doch keine Sorge, meine Zeitspar-Tipps schaffen Abhilfe:

1. Auf Vorrat kochen: Bereiten Sie direkt die doppelte oder dreifache Portion zu. Platzieren Sie das Essen über Nacht im Kühlschrank und verzehren Sie die zweite Portion am nächsten Tag. Spielraum für Varianten bleibt dabei allemal. Und frieren Sie Reste (portionsweise) ein. So ist immer etwas da, wenn es zeitlich eng wird. Wichtig: Nicht alles lässt sich gut einfrieren bzw. wieder auftauen, manche Lebensmittel verändern durch das Einfrieren ihre Konsistenz oder ihren Geschmack (zum Beispiel Bananen oder Kartoffeln), Gemüse und Obst verlieren an Biss. Viele Soßen, Suppen und Eintöpfe eignen sich aber gut zum Einfrieren, die Beilagen kochen Sie dann einfach flugs dazu.

2. Gut gefüllter Tiefkühlschrank: Er ist der beste Freund der gesunden und schnellen Küche. Denn Obst und Gemüse sind so ohne Geschnippel schnell zur Hand und der Fisch ist fangfrisch. Vitamine und Co. bleiben durch das Einfrieren vor Ort oft besser erhalten als bei Frischware. Es sind auch nicht alle Fertigprodukte schlecht (siehe Seite 53). Wer hier genau hinsieht und gut aussucht, findet in der Tiefkühltruhe durchaus den ein oder anderen gesunden Zeitsparer. Wer geschickt TK- mit frischen Produkten kombiniert, gewinnt also Zeit und gesunde Inhaltsstoffe.

Tipp: Frieren Sie auch halbe oder geschnittene Vollkornbrote oder -brötchen ein. Gerade wenn der nächste Biobäcker nicht um die Ecke ist, haben Sie

so immer einen gesunden Pausensnack zur Hand. Brot lässt sich auch scheibenweise im Toaster auftauen.

3. Einkäufe verbrauchen: Die Lebensmittel, die Sie bereits eingekauft haben, sollten Sie auch essen. Klingt blöd, ist aber ernst gemeint. Wenn Sie die „abgelaufenen" Joghurts essen, anstatt sie wegzuschmeißen – und viele Lebensmittel sind noch lange nach Ablauf des Mindesthaltbarkeitsdatums (MHD) gut essbar –, sparen Sie nicht nur Geld, sondern auch die Zeit für den Neukauf.

Löffelmaße im Überblick

Wie viel sind eigentlich ein Teelöffel oder ein Esslöffel in Gramm? In dieser Tabelle sind die Grammangaben zentraler Zutaten aufgeführt.

Lebensmittel	1 TL (gestr.) in Gramm	1 EL (gestr.) in Gramm
Butter, Öl	4–5 g	10–15 g
(Hafer-)flocken	3–4 g	7–10 g
Joghurt, Quark, Saure Sahne	5–6 g	15–20 g
Mehl	3–4 g	9–12 g
Wasser	4–5 g	10–12 g
Zucker, Salz	4–5 g	12–15 g

Portionsgrößen

Die Rezepte sind in der Regel für 4 Personen. Wir sind dabei von zwei großen und von zwei kleinen Essern ausgegangen.
Die Gemüse- und Fleischbreie von 250 Gramm sind zunächst als fünf klitzekleine Mahlzeiten von 50 Gramm gedacht. Später isst Ihr Kind dann in einem Rutsch 150 Gramm. Bei den Milch-Getreide- und Getreide-Obst-Breien finden Sie größere Portionen, die Sie gut im Kühlschrank aufbewahren können, und Breie, die 1 Portion (180 Gramm) ergeben und direkt weggelöffelt werden.

NÄHRSTOFFE: WAS BRAUCHT MEIN KIND?

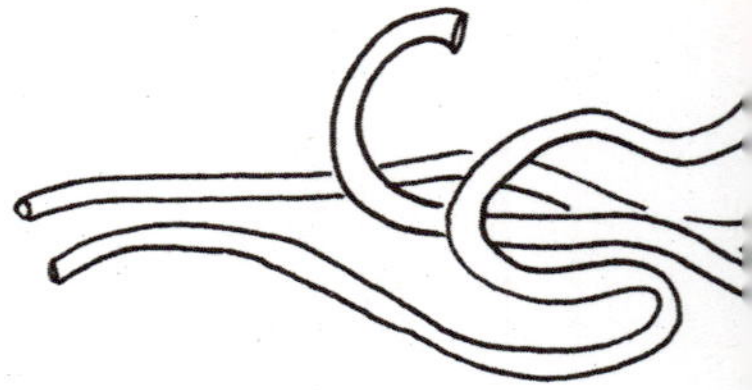

KOHLENHYDRATE

Alle schlecht, oder?

Kohlenhydrate sind in den letzten Jahren etwas in Verruf geraten. Es heißt, sie seien Dickmacher, abends solle man sie ganz weglassen und überhaupt brauche man sie eigentlich nicht für eine gesunde Ernährung. Aber Achtung, ganz so stimmt das nicht, schon gar nicht für die Kinderernährung! Kohlenhydrate sind wertvolle Energielieferanten, die gut sättigen, wenn sie richtig ausgewählt werden. Viele kohlenhydratreiche Nahrungsmittel enthalten zudem wichtige Nährstoffe wie Vitamine oder Ballaststoffe. Kinder, die sich viel bewegen, wären ohne Kohlenhydrate kaum satt zu bekommen.

Auf die Art kommt es an

Zu den Kohlenhydraten zählt auch der Zucker. Hier gilt es, sparsam zu sein. Nicht mehr als 50 Gramm Zucker pro Tag (das entspricht ca. 17 Zuckerwürfeln) empfiehlt die Weltgesundheitsorganisation (WHO) Erwachsenen – und Zucker versteckt sich mittlerweile in fast jedem Lebensmittel. Kinder sollten noch weniger Zucker essen, Babys und Kleinkinder brauchen gar keinen Zucker. Die meisten Menschen essen ca. das Vierfache der empfohlenen Zuckermenge. Zucker schießt schnell ins Blut und lässt so den Blutzuckerspiegel in hoher Geschwindigkeit ansteigen. Rasch senkt der Körper den Blutzuckerspiegel wieder und ein Leistungstief oder Heißhunger sind oft die Folge. Dieser Effekt spielt sich insbesondere bei süßen Getränken ab. Hierzu zählen auch Säfte.

Zucker, Zucker überall

Fertiggerichte sind oft richtige Zuckerfallen. Das Problem: Selbst in Lebensmitteln, in denen man es nicht vermutet, versteckt sich Zucker. Eine Fertigpizza enthält bis zu 10 Gramm Zucker (ca. 3 Würfel), ein 150-Gramm-Becher Fruchtjoghurt ca. 20 Gramm (ca. 7 Würfel), 200 Milliliter Wellnessgetränk 8 Gramm (ca. 3 Würfel). In einer 200-Gramm-Portion Ravioli stecken 7,6 Gramm, in einem Eiskaffee zum Anrühren 22 Gramm und in 30 Gramm Frühstückszerealien 13 Gramm Zucker.

Vollkorn first

Aber auch Stärke, die beispielsweise in Reis, Kartoffeln, Hülsenfrüchten und Getreide enthalten ist, gehört zu den Kohlenhydraten. Das Aufspalten von Stärke dauert deutlich länger, insbesondere, wenn sie – wie in Vollkornprodukten – in Ballaststoffen „verpackt" ist. Der Blutzuckerspiegel steigt langsam an und man bleibt lange satt. Hier kann also ruhig zugeschlagen werden. Und: Auch schon kleine Kinder können Vollkorn essen, am besten eignet sich für sie fein vermahlenes Vollkornbrot ohne ganze Körner.

Mogelpackung

Begriffe wie „mit Vollkorn", „Weltmeister" und „Dinkelbrot" hören sich zwar gut an, bedeuten aber nicht, dass man ein echtes Vollkornbrot in den Händen hält. Nur wo Vollkorn draufsteht, ist auch Vollkorn drin: Nach dem Gesetz muss ein Brot mit der Bezeichnung „Vollkorn-" mindestens zu 90 Prozent im Getreideanteil aus Vollkorn bestehen.

FETTE UND ÖLE

Ungesund oder lebensnotwendig?

Fett ist ungesund? Stimmt so nicht! Bestimmte Fette sind sogar essenziell, das bedeutet: Der Körper kann sie nicht selbst herstellen und sie müssen wie Vitamine täglich in ausreichender Menge gegessen werden. Wir benötigen Fette und Öle beispielsweise als Baustoff für Zellwände und zum Transport der fettlöslichen Vitamine (E, D, K, A). Andere Fette, insbesondere Transfettsäuren, gelten als ungesund und sollten möglichst vermieden werden.

Vorsicht, Transfettsäuren

Transfettsäuren entstehen beispielsweise bei der Teilhärtung von Fetten – zum Beispiel wenn aus flüssigen Ölen wie Sonnenblumenöl eine streichfähige Margarine gemacht wird. Sie begünstigen Erkrankungen wie Herzinfarkte oder Schlaganfälle. Transfettsäuren sind insbesondere in fettreichen Fertigprodukten wie Pizza, in frittierten Lebensmitteln wie Pommes frites oder in Keksen zu finden.

Omega-3- und Omega-6-Fettsäuren

Diese Fettsäuren sind essenziell. Wir brauchen sie täglich und in ausreichender Menge. Genug Omega-6 aufzunehmen ist recht leicht, da Omega-6-Fettsäuren in vielen Ölen, beispielsweise Sonnenblumenöl, enthalten sind. Schwieriger wird es bei den Omega-3-Fettsäuren: Sie finden sich vor allem in fettem Fisch wie Lachs, Makrele oder Hering und in Walnuss-, Lein- oder Rapsöl. Die meisten Menschen essen eher viel zu viele Omega-6-Fettsäuren und deutlich zu wenig Omega-3-Fettsäuren. Dabei sind Omega-3-Fettsäuren wichtig, wir brauchen sie zum Beispiel für die Augen, für eine normale Hirn- und Herzfunktion und auch für den Erhalt normaler Blutfettwerte. Auch Schwangere und stillende Mütter sollten unbedingt auf eine ausreichende Versorgung achten, damit Babys Gehirnentwicklung und die Entwicklung der Sehkraft optimal sind.

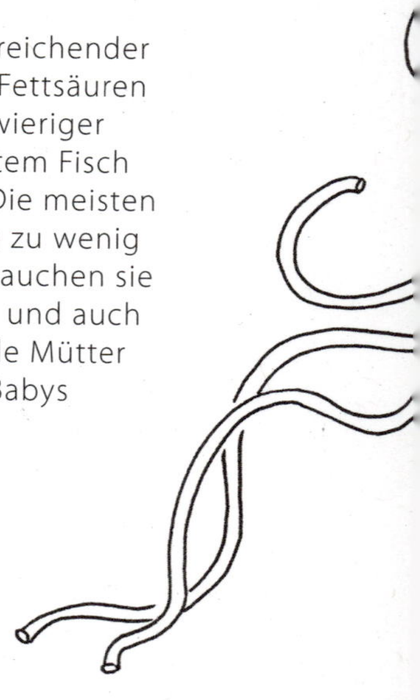

Öle in der Küche

Beim Kochen und Braten sollten nur Öle verwendet werden, die sich zum Erhitzen eignen. Ideal ist hier Rapsöl: Es enthält eine optimale Kombination an Fettsäuren und ist im Vergleich zu anderen Ölen gut erhitzbar. Nur zum Frittieren oder Hocherhitzen sollte ein Spezialöl (High-Oleic-Öl) verwendet werden. Für kurzes und mäßiges Erhitzen eignet sich im Wechsel mit Rapsöl auch Olivenöl. Lein- oder Walnussöl sollten dagegen nur in der kalten Küche verwendet werden, ihre wertvollen Inhaltsstoffe werden beim Erhitzen zerstört.

EIWEISS

Auf die richtige Menge kommt es an

Eiweiß ist lebensnotwendig. Essen wir zu wenig Eiweiß, mangelt es dem Körper an Bausubstanz, zum Beispiel für Körperzellen, Muskeln, Haare und Nägel, das Immunsystem wird geschwächt und wichtige Stoffe wie Eisen können nicht aufgenommen werden. Zu den eiweißreichen Lebensmitteln gehören Fleisch, Fisch, Eier und Milchprodukte sowie Hülsenfrüchte, Nüsse, Pilze und Vollkornprodukte. Eiweiß sättigt gut – daher ist es Bestandteil von vielen Abnehmshakes – aber Vorsicht: Essen wir zu viel davon, wird auch Eiweiß in Fett umgewandelt und für schlechte Zeiten gespeichert. Es kommt also auch hier auf die richtige Menge an.

Wie viel denn jetzt – und woher?

Ca. 1 Gramm Eiweiß pro Kilogramm Körpergewicht braucht der Körper jeden Tag. Kinder unter einem Jahr benötigen mehr Eiweiß, ab vier Jahren etwas weniger (ca. 0,9 Gramm pro Kilogramm Körpergewicht). Bei Übergewicht wird mit dem Normalgewicht gerechnet (Körpergröße in Zentimetern minus 100). Klingt kompliziert, ist aber ganz einfach: Bei einer Größe von 1,80 Meter sind das ca. 80 Gramm/Tag, bei einer Größe von 1,50 Meter ca. 50 Gramm/Tag. Diese Menge ist für Fleisch- und Fischesser oft schnell erreicht: Ein 200-Gramm-Steak hat ca. 40 Gramm Eiweiß, genau wie die gleiche Menge Fisch.
Schwieriger wird es für Vegetarier oder Veganer. Sie müssen genauer auswählen, um ihren Eiweißbedarf zu decken, und „puzzeln", das heißt ordentlich Hülsenfrüchte, Nüsse und Getreideprodukte essen. Für ca. 60 Gramm Eiweiß muss ein Veganer beispielsweise 4 Scheiben Vollkornbrot, 50 Gramm Nüsse, 200 Gramm Quinoa, 1 Sojasteak und 200 Gramm Pilze essen.
Dafür haben Veganer einen Vorteil: Es scheint gesünder zu sein, über den Tag verteilt viel pflanzliches Eiweiß zu essen, denn Menschen, die eher pflanzliches Eiweiß essen, leben länger als passionierte Fleischesser.

Lebensmittel	Eiweißgehalt in Gramm (ca.-Angabe)
200 g Fisch oder Fleisch	40 g
2 Scheiben Vollkornbrot (ca. 120 g)	10 g
1 Ei	7 g
50 g Haselnüsse	6,5 g
3 Kartoffeln (ca. 250 g)	5 g
200 g Quark, 40 % Fett	22 g
150 g Joghurt	5 g

Lebensmittel	Eiweißgehalt in Gramm (ca.-Angabe)
200 ml Milch	6,6 g
200 g Quinoa	7 g
1 Sojasteak (150 g)	19 g
200 g Pilze	8 g
150 g rote Linsen, gekocht	12 g
150 g Rosenkohl	5,7 g
200 g Tofu	18 g
100 g Nudeln, gekocht	8 g

BALLASTSTOFFE

Der Darm isst mit

Früher hielt man sie für unnötigen Ballast, heute weiß man: Das Gegenteil ist der Fall. Der Darm mit seinen Billionen Bewohnern ist in den letzten Jahren immer mehr in den Fokus der Aufmerksamkeit gerückt. Die Gesundheit des Darms und seine Bakterienvielfalt sind mitverantwortlich für unser Immunsystem, für unser Gewicht, für die Entstehung von vielen Krankheiten und sogar für unsere Stimmung. Die Kindergeschichte „Die Bauchpolizei" hat einen wahren Kern: Die wichtigen Bakterien im Darm nutzen die Ballaststoffe aus Obst, Gemüse, Hülsenfrüchten und Vollkorngetreide als Futter und halten den Darm gesund. Aber auch für die Sättigung und die Verdauung sind Ballaststoffe wichtig: Sie können einen Großteil ihres Eigengewichts an Wasser binden, sorgen so für eine lange Sättigung und für ein ausreichendes Stuhlvolumen und beugen damit Verstopfung vor.

Lebensmittel	Ballaststoffgehalt in Gramm (ca.-Angabe)
1 Apfel, mit Schale (ca. 150 g)	3 g
1 Banane (ca. 110 g)	2 g
1 Handvoll Möhren, roh (ca. 200 g)	6,8 g
2 Scheiben Vollkornbrot, Roggen (120 g)	9,7 g
3 kleine Kartoffeln, mit Schale (ca. 200 g)	3,4 g
1 Handvoll Nüsse (50 g)	3,8 g
⅓ Gurke (ca. 150 g)	0,75 g
1 Portion Brokkoli (150 g)	4 g

Die Bauchpolizei

In deinem Bauch wohnen mehr Bakterien, als es Tiere im Zoo gibt. Sie sind so klein, dass man sie nicht sehen kann. Alle zusammen wiegen die Bakterien in deinem Bauch ungefähr so viel wie eine Packung Milch oder vier Pakete Butter. Es gibt sehr wichtige Bakterien, wir nennen sie die Bauchpolizei. Zwei von den Polizisten und Polizistinnen nennen wir Emily und Tom. Sie passen auf, dass es dir gut geht, dass du keine Bauchschmerzen oder Verstopfung und genug Kraft zum Spielen hast. Aber Emily und Tom können diese Arbeit nur gut machen, wenn sie genug zu essen haben. Sonst werden sie schlapp und krank und liegen nur noch in der Ecke herum. Bitte gib Emily und Tom also jeden Tag genug zu essen. Sie können nicht reden, aber manchmal schicken sie einen kleinen Pups als Dankeschön!
Und das mögen Emily und Tom: Gurken, Möhren, Kohlrabi, Brokkoli, Blumenkohl und anderes Gemüse, Äpfel, Birnen, Erdbeeren, Himbeeren und anderes Obst, Walnüsse, Mandeln und andere Nüsse plus Vollkornbrot und weitere Produkte aus Vollkorn. Bestimmt findest du etwas, das ihr alle drei mögt. Und jetzt: Auf geht´s, füttere deine Bauchpolizei!

Eine gute Portion

Ca. 30 Gramm Ballaststoffe sollte man am Tag essen. Dazu unbedingt ausreichend trinken, sonst droht Verstopfung. Und: Die Menge langsam steigern! Wer seine Ernährung von heute auf morgen auf ballaststoffreich umstellt, muss mit übelriechenden Blähungen rechnen. Der Spuk ist in der Regel aber nach ca. einer Woche vorbei.

VITAMINE, MINERALSTOFFE UND SPURENELEMENTE

Ausreichend versorgt bei richtiger Ernährung

Kinder, die ausgewogen und abwechslungsreich essen, sind über die normale Ernährung in der Regel ausreichend mit den meisten Vitaminen, Mineralstoffen und Spurenelementen versorgt. Aber was beinhaltet das genau – eine ausgewogene und abwechslungsreiche Ernährung?
Kurz gefasst: Viel Wasser, ein- bis zweimal in der Woche Fisch, wenig verarbeitete Fleisch- und Wurstprodukte, (Sauer-)Milchprodukte wie Joghurt, Quark, Dickmilch, nicht mehr als eine Portion Süßigkeiten oder Knabbereien am Tag und ausreichend gesunde Öle.
Dabei sollten Sie flexibel sein – wenn auf dem Kindergeburtstag einmal drei Stücke Kuchen und eine halbe Packung Gummibärchen im Kinderbauch gelandet sind, gibt es in der Woche danach (oder besser noch in der Woche davor) weniger Süßkram (oder zum Beispiel ein Ruckzuck-Eis zum Nachtisch).
Und: Bringen Sie ruhig von Anfang an Abwechslung auf den Tisch, zum Beispiel heute Möhren, morgen Brokkoli und übermorgen Mais. Variation sichert eine gute Versorgung mit den unterschiedlichen Vitaminen.

Achtung, hier wird's knapp

Es gibt einige Nährstoffe – die sogenannten kritischen Nährstoffe – mit denen viele Menschen trotz einer gesunden Ernährung nicht gut versorgt sind. Hier lohnen sich ein wachsamer Blick und vielleicht eine Ergänzung der Ernährung. Doch Vorsicht: Eine grundsätzliche Gabe von Vitaminen, zum Beispiel über Multivitaminpräparate, ist nicht zu empfehlen, denn die Gefahr der Überdosierung ist groß. Nahrungsergänzungsmittel sollten gezielt eingesetzt und kritisch betrachtet werden, nur dann sind Sie auf der sicheren Seite. Bei den folgenden Vitaminen und Spurenelementen sollten Sie im Blick behalten, ob die Versorgung ausreichend ist:

Vitamin D: Für alle Säuglinge wird eine zusätzliche Einnahme des Sonnenvitamins D empfohlen. Sie bekommen es in Form von Tabletten oder Tropfen in ihrem ersten Lebensjahr täglich. Vitamin D wird in der Haut durch die Einwirkung von UVB-Strahlen gebildet, insbesondere in den Wintermonaten reicht die Intensität der Strahlung aber für eine ausreichende Vitamin-D-Produktion nicht aus. Auch für ältere Kinder wird mittlerweile eine zusätzliche Einnahme von Vitamin D im Winter diskutiert.

Jod: Die Jodaufnahme ist in vielen Breitengraden Deutschlands noch immer zu gering. Die Empfehlung: Zu Hause jodiertes Speisesalz verwenden und regelmäßig Fisch essen.

Fluorid: Fluorid schützt vor Karies. Babys bekommen das Spurenelement deshalb entweder direkt gemeinsam mit Vitamin D als Tablette oder einmal täglich über angereicherte Babyzahnpasta. Ältere Kinder putzen zweimal täglich mit einem altersentsprechenden Fluoridgehalt.

Omega-3-Fettsäuren

Die Omega-3-Fettsäuren zählen zwar nicht zu den Vitaminen, sind aber so unverzichtbar, dass sie hier noch einmal genannt werden. Omega-3-Fettsäuren sind wichtig für das Gehirn. Babys und Kleinkinder brauchen wegen ihrer raschen Gehirnentwicklung ausgesprochen viel davon. Besonders reich an Omega-3-Fettsäuren ist fetter Fisch wie Lachs. Schon Babys kriegen Lachs gelegentlich in ihren Brei gemischt, bei älteren Kindern braucht es manchmal etwas mehr Überzeugungsarbeit, zum Beispiel in Form von Fischstäbchen. Außerdem reich an Omega-3-Fettsäuren sind Walnüsse, Raps- und Leinöl.

1, 2, 3 FRÜHSTÜCK

Früh am Morgen: Die Kinder müssen in die Kita oder Schule und brauchen Power für den Tag. Kein Problem mit diesen Frühstücksideen für müde Eltern und kleine Morgenmuffel. Manche Rezepte wie die frisch gebackenen Brötchen brauchen etwas mehr Zeit, lassen sich aber prima für die ganze Woche vorbereiten und einfrieren. Und wenn es richtig schnell gehen soll, gibt es Porridge – das quillt, während noch fix die Tasche gepackt wird.

Frisch gebackene FRÜHSTÜCKSBRÖTCHEN

Variieren Sie den Grundteig ruhig nach Ihren Wünschen. Auch die Kleinsten können hier schon prima mithelfen, dann schmeckt es allen gleich doppelt so gut. Es geht doch nichts über selbst gebackene, noch warme Brötchen am Frühstückstisch!

Pro Stück 203 kcal, 2 g F, 38 g KH, 2 g B, 6 g E

Für 8 Stück

- 400 g Dinkelmehl
- + etwas zum Verarbeiten
- 2 Prisen Salz
- 1 EL flüssiger Honig
- 1 EL Olivenöl
- 240 ml lauwarmes Wasser
- ½ Würfel frische Hefe (21 g)
- 1 Prise Zucker

Mehl, Salz, Honig und Olivenöl in eine große Schüssel geben. Das Wasser in ein hohes Gefäß geben. Nun Hefe und Zucker in das Wasser bröseln und mit einer Gabel verrühren, bis sie sich ganz aufgelöst haben.

Nun das Hefewasser zur Mehlmischung geben und mit der Gabel gut rühren, am besten leicht mit den Händen nacharbeiten, sodass der Teig sich gut vermischt. Aber bitte nicht kneten! Den Teig zu einer Kugel formen und abgedeckt an einem warmen Ort 30 Minuten gehen lassen.

Den Backofen auf 250 °C vorheizen und eine mit Wasser gefüllte feuerfeste Form auf den Ofenboden stellen. (Dadurch werden die Brötchen nicht trocken und schön knusprig.) Den Teig auf der bemehlten Arbeitsfläche mit bemehlten Händen zu einer Rolle drehen (nicht kneten, das zerstört die Lockerheit und macht ihn schwer) und in acht Stücke schneiden.

Die Teigstücke nun rundwirken. Das heißt, der untere Teil wird immer wieder nach außen gezogen und die Teigstücke nach oben, so entstehen dünne Schichten, die die Brötchen wunderbar aufgehen lassen. Den Vorgang ca. zehnmal wiederholen. Die Teige auf der bemehlten Fläche vorsichtig zu Kugeln formen und mit der glatten Seite nach oben auf ein mit Backpapier ausgelegtes Blech legen. Ein kleines Kreuz hineinschneiden und die Brötchen 12–15 Minuten im heißen Ofen backen.

Apfel-Nuss-Brötchen 100 g Nüsse in einer Pfanne ohne Fett rösten und fein hacken. 1 Boskop-Apfel waschen und grob reiben. Beides unter den Teig rühren. Achtung: Reduzieren Sie die im Grundrezept angegebene Wassermenge um 100 ml und lösen Sie die Hefe nur in 140 ml Wasser auf.

Mehrkornbrötchen 100 g Nüsse oder Kerne in einer Pfanne ohne Fett rösten und direkt mit in den Teig geben. Alternativ können Sie auch die fertig gerollten Brötchen kurz vor dem Backen in etwas Milch tauchen und in den gerösteten Nüssen oder Kernen wälzen.

Buttermilchbrötchen Ersetzen Sie das Wasser durch 240 ml Buttermilch. Achtung, dann Honig und Zucker mit der Hefe in die lauwarme Buttermilch geben, sodass die Hefe besser aufgehen kann.

VEGETARISCHE BROTAUFSTRICHE

Immer nur Wurst oder Marmelade aufs Brot? Das geht auch anders! Mit meinen Veggie-Brotaufstrichen kommt gesunde Abwechslung auf die Frühstücksbrötchen – und ja, mit dem Himbeer-Bananen-Frischkäse ist auch etwas für Süßmäulchen dabei.

AVOCADODIP

Für 300 Gramm

1 reife Avocado, halbiert und entkernt
1 Schalotte, geschält und grob klein geschnitten
1 Knoblauchzehe, geschält und grob klein geschnitten
1 EL Zitronensaft
1 EL Olivenöl
100 g Frischkäse
1 Handvoll Basilikumblätter, gehackt
2 Stängel frische Minze, gehackt
Salz
Pfeffer

Pro EL 57 kcal, 5 g F, 1 g KH, 1 g B, 1 g E

Das Fruchtfleisch der Avocado mit einem Löffel in ein hohes Gefäß füllen. Schalotte, Knoblauch, Zitronensaft und Olivenöl zugeben. Alles mit einem Stabmixer sehr fein pürieren. Das Mus in eine Schüssel füllen und Frischkäse, Basilikum und Minze unterrühren.
Mit Salz und Pfeffer abschmecken.

EIERSALAT MIT KRESSE
und Radieschen

Pro EL 87 kcal, 9 g F, 0 g KH, 0 g B, 1 g E

Für 500 Gramm

Für die Mayonnaise:
1 Eigelb, sehr frisch
1 TL Senf, mittelscharf
150 ml neutrales Öl
Salz
Pfeffer
1 EL Zitronensaft

Für den Salat:
4 hart gekochte Eier, gepellt und in kleinen Würfeln
6 Radieschen, in sehr kleinen Würfeln
1 Kästchen Gartenkresse
Salz
Pfeffer

Für die Mayonnaise Eigelb und Senf in einen hohen Behälter geben und mit den Rührbesen eines elektrischen Handrührgeräts glatt rühren. Das Öl sehr langsam in einem dünnen Strahl zugeben. Mit Salz, Pfeffer und Zitronensaft abschmecken.

Für den Salat Eier und Radieschen in eine Schüssel geben. Die Mayonnaise zugeben und alles gründlich und vorsichtig vermengen. Die Kresse mit einer Schere vom Beet schneiden und unterrühren. Mit Salz und Pfeffer abschmecken. Bis zum Verzehr kühl stellen. Wenn er etwas durchgezogen ist, schmeckt der Eiersalat am besten.

Tipp: Selbst gemachte Mayonnaise ist einfach leckerer als gekaufte – allerdings ist ihre Haltbarkeit deutlich kürzer. Meine Mayo ist nur am Tag der Zubereitung oder gut gekühlt am nächsten Tag unbedenklich verzehrbar. Wichtig fürs Gelingen: Alle Zutaten müssen Zimmertemperatur haben.

Himbeer-
BANANEN-FRISCHKÄSE

Pro EL 39 kcal, 2 g F, 2 g KH, 1 g B, 1 g E

Für 300 Gramm

100 g Himbeeren
1 reife Banane geschält und in feinen Scheiben
1 Msp. Zimt
100 g Frischkäse
2 Stängel Zitronenmelisse, fein gehackt

Himbeeren, Banane, Zimt, Frischkäse und Zitronenmelisse in eine Schüssel geben und mit einer Gabel so fein wie möglich zu einem Mus zerstampfen. Wer es am liebsten ganz fein mag, kann die Zutaten auch in ein hohes Gefäß füllen und mit einem Stabmixer pürieren.

Tipp: Funktioniert natürlich auch mit aufgetauten TK-Himbeeren. Blaubeeren, Erdbeeren, Aprikosen, Nektarinen oder Pfirsiche bieten sich als Austauschprodukt für die Beeren an – auch sehr lecker!

Heiß geliebte
PANCAKES

Ob klassisch oder aufgepeppt: Pancakes haben selbst Morgenmuffel schnell gebacken und mit ihnen kann man herrlich experimentieren. Tauschen Sie einfach einige Zutaten nach Lust und Laune aus, so ist für jeden Geschmack etwas dabei.

Für 4 Portionen

Für den Grundteig:
2 Eier
300 ml Milch
1 Prise Salz
200 g Mehl
1 TL Backpulver

Außerdem:
2 TL Butterschmalz zum Ausbacken
Ahornsirup zum Beträufeln

Pro Stück 315 kcal, 8 g F, 47 g KH, 1 g B, 11 g E

Die Eier trennen. Die Eiweiße in ein hohes Gefäß geben und kurz kühl stellen. Die restlichen Zutaten in einer großen Schüssel zu einem glatten, leicht zähen Teig verrühren. Den Teig zum Ruhen beiseitestellen.

Die Eiweiße sehr steif schlagen und mit einem Spatel vorsichtig unter den Teig heben.

Das Butterschmalz in einer großen beschichteten Pfanne erhitzen. Mit einem Esslöffel drei bis vier Teigkleckse in die Pfanne geben und die Pancakes von jeder Seite in 2–3 Minuten goldbraun braten. Auf einem Teller stapeln und im Backofen bei ca. 70 °C warm halten. Vor dem Servieren mit Ahornsirup beträufeln.

Pancakes mit Obst Bananen, Äpfel, Birnen oder Beeren schmecken super in Pancakes. 100 g Obst waschen, in 1 cm große Stücke schneiden und unter den Teig heben.

Pancakes mit Haferflocken 100 g Mehl durch 60 g Haferflocken ersetzen und den Teig mindestens 20 Minuten ziehen lassen, falls Sie kernige Haferflocken verwenden.

Körnige Pancakes 100 g Mehl durch 100 g Kerne, Körner und Saaten nach Wahl ersetzen. Besonders gut geeignet sind: Mohn- und Sesamsamen, Sonnenblumenkerne, Kürbiskerne, gehobelte Mandeln und Leinsamen.

Herzhafte Pancakes 50 g geriebenen kräftigen Käse und 2 EL Gartenkräuter in den Teig geben. Oder je 50 g Schinken und Salami in kleinen Würfeln sowie 1 sehr klein geschnittene Schalotte in Butterschmalz anbraten und zügig unter den Teig heben (am besten mit einem Schaumlöffel aus der Pfanne heben, damit es nicht zu fettig wird).

Mit einem warmen Frühstück lässt es sich super in den Tag starten. Ich greife hier als Grundlage gerne auf Haferflocken zurück, denn sie sind voll mit pflanzlichem Eisen und Eiweiß, Ballaststoffen und vielen Vitaminen und Mineralstoffen. Sie zaubern durch ihre Quellfähigkeit in kürzester Zeit ein herrliches Porridge und lassen sich prima kombinieren. Klappt und schmeckt sowohl mit zarten als auch mit kernigen Flocken.

KLASSISCHES PORRIDGE

Für 4 Portionen

2 EL Butter
200 g Mandeln, gehackt
1 EL Honig
1 TL Zitronenabrieb
1 TL Zimt
1 Prise Salz
250 g zarte Haferflocken
800 ml Milch

738 kcal, 43 g F, 51 g KH, 12 g B, 26 g E

Die Butter in einem weiten Topf erhitzen und die Mandeln darin anschwitzen. Nach 3 Minuten Honig, Zitronenabrieb, Zimt und Salz zugeben und die Mandeln kurz glasieren. Dann Haferflocken und Milch zugeben. Die Mischung einmal aufkochen lassen, rühren und anschließend bei schwacher Hitze 5–7 Minuten quellen lassen.

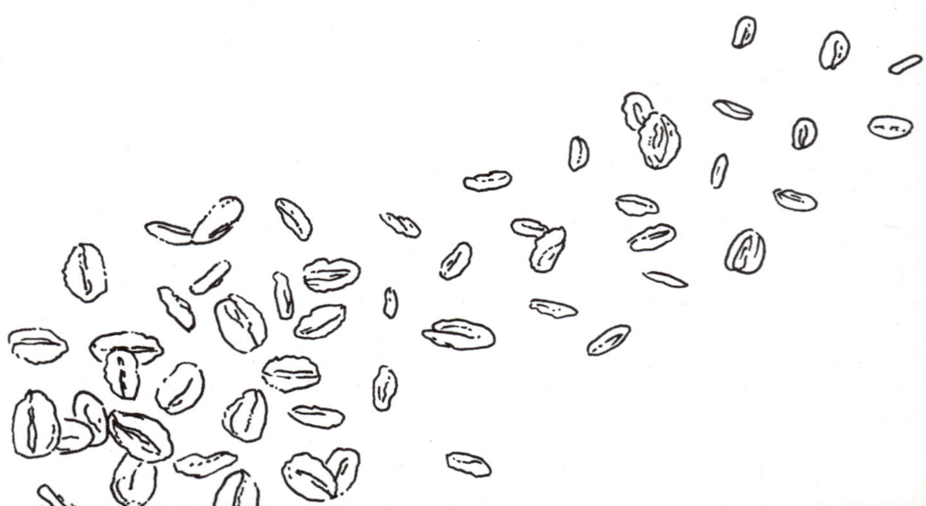

CHIAPORRIDGE

400 kcal, 17 g F, 44 g KH, 6 g B, 13 g E

Milch und Saft in einen Topf geben und aufkochen. Chiasamen, Haferflocken und Salz zugeben und bei schwacher Hitze 5–7 Minuten quellen lassen. Mit Vanille und Mandelmus abschmecken. Das Porridge in Schüsseln füllen und mit Bananenscheiben, Walnüssen und Blaubeeren bestreut servieren (siehe Foto links).

Tipp: Aus der Schote können Sie Vanillezucker herstellen: Ein sauberes Schraubdeckelglas zur Hälfte mit Zucker nach Wunsch füllen, die Schote zugeben und den Rest des Glases mit Zucker auffüllen. Nach 3 Tagen ist der Zucker durchgezogen und riecht schön aromatisch. Sie können das Glas immer wieder auffüllen, davor aber jeweils kurz umrühren. Nach ca. 2 Monaten sollten Sie die Schote austauschen.

Für 4 Portionen

550 ml Milch
250 ml Birnensaft
(alternativ Apfelsaft)
3 TL Chiasamen
150 g Haferflocken
1 Prise Salz
Mark von 1 Vanilleschote
1 ½ EL Mandelmus

Außerdem:
1 große Banane, geschält und in Scheiben
1 Handvoll Walnusskerne
1 Handvoll Blaubeeren

KÖRNERPORRIDGE

520 kcal, 29 g F, 38 g KH, 7 g B, 20 g E

Die Butter in einem weiten Topf erhitzen, Mandeln, Kerne und Samen darin 2 Minuten anrösten. Dann Honig und Salz zugeben und alles kurz glasieren. Zum Schluss Hafergrütze, Milch und Apfelsaft zugeben. Kurz aufkochen lassen und dann bei schwacher Hitze 10 Minuten quellen lassen.

Tipp: Wer mag, reicht zu den Porridge-Varianten Quark, Joghurt oder frische Früchte nach Saison.

Für 4 Portionen

2 EL Butter
50 g Mandeln, gehackt
50 g Kürbiskerne
50 g Sonnenblumenkerne
20 g Leinsamen
1 EL Honig
1 Prise Salz
100 g Hafergrütze
550 ml Milch
250 ml Apfelsaft

DAS A UND O: RICHTIG TRINKEN

Wasser, Wasser, Wasser

Das beste Kindergetränk: Wasser. Am besten direkt aus dem Hahn gezapft. Dabei das Wasser kurz ablaufen lassen, bis es kühl und frisch aus der Leitung fließt. Ideal ist es, die Kinder von Anfang an daran zu gewöhnen, Wasser zu trinken. Denn: Auch Saftschorlen enthalten noch relativ viel Zucker und die Kinder gewöhnen sich schnell an den süßen Geschmack. Langfristig drohen Karies und Übergewicht. Und auch Hände weg von Softdrinks oder gesüßten Fertigdrinks (zum Beispiel Trinkjoghurts, Trinkschokoladen, Smoothies)! Sie enthalten oft sehr viel Zucker, der als Getränk nicht satt macht, aber viele Kalorien liefert. Als Startgetränk in den Tag eignen sich Wasser, ungesüßter Tee, ein Glas Milch oder ein Joghurtdrink mit frischen Früchten, selbst gemacht aus frischem oder Tiefkühlobst und stichfestem Joghurt (der ist gut für den Bauch).

Tipp: Ein Blick auf die Nährwertangabe verrät den Zuckergehalt. (Hier aber immer auf die Menge hochrechnen, die tatsächlich getrunken wird. Bei 10 Gramm Zucker pro 100 Milliliter trinkt man nämlich schon 100 Gramm Zucker pro Liter!)

Mein Kind trinkt zu wenig

Kinder haben oft kein gutes Durstgefühl. Viele Kinder trinken daher zu wenig. Was hilft: Getränke immer wieder anbieten, zwischendurch wasserreiche Lebensmittel wie Obst reichen und die Kinder in das Selbermachen von gesunden Getränken einbeziehen. Wasser mit Obststückchen, kreative Eiswürfel, tolle Strohhalme, bunte Becher oder wilde Namen wie „Feuerwehr-Himbeer-Löschwasser" machen das Trinken gleich viel attraktiver, auch wenn es sich „nur" um Wasser mit Himbeereiswürfeln handelt.
Hier finden Sie die richtige Verzehrhäufigkeit der Getränke im Überblick:

Häufig	Wasser
Gelegentlich	Stark verdünnte Fruchtschorlen, selbst gemachte Smoothies/Säfte, Milch oder Kakao, ungesüßter Kräuter- oder Früchtetee.
Selten	Gesüßte Getränke wie Limonaden, Fruchtsaftgetränke, Nektare oder Säfte. (Sie enthalten viel versteckten Zucker.)
Gar nicht	Cola, Kaffee, schwarzer oder grüner Tee. (Sie enthalten Koffein und sind daher als Kindergetränk ungeeignet.)
Absolut tabu	Alkohol ist in der der Kinderernährung selbstverständlich ein No-Go.

Obst aus der Tube

Quetschies und Smoothies sind seit einigen Jahren im Trend. Klingt ja auch gut: Obst zum Trinken, kein Gepule und Gematsche und den Kindern schmeckt`s. Aber: In den Fertigsmoothies und Quetschies versteckt sich viel (Frucht-)Zucker! Dann besser wieder pulen und matschen – oder Smoothies einfach selber machen, so landet auch garantiert die ganze Frucht im Glas.

Zucker und Fruchtzucker

Fruchtzucker hört sich zwar gesünder an als „Industriezucker", ist es aber keineswegs. Auch der Zucker aus Obst in Form von Säften verursacht Karies und landet letztlich als überschüssige Energie in den Fettreserven. Und: Viele Kinder reagieren zumindest phasenweise mit Bauchweh, Blähungen und Durchfall auf zu viel Fruchtzucker. Außerdem zu beachten: Das gesunde Image von Obst haben sich einige Hersteller zunutze gemacht. Sie werben mit Slogans wie „nur mit der Süße aus Früchten". Schauen Sie also immer genau hin! Letztlich zählt der Gesamtzuckergehalt eines Produkts.

Die Menge macht's

Wie bei allem gilt auch bei Getränken: Die Menge macht`s! Hin und wieder ein Glas Saft oder gelegentlich eine Limonade auf dem Kindergeburtstag sind kein Problem, solange das etwas Besonderes bleibt. Grundsätzlich gilt: Getränke selber machen lohnt sich. So haben Sie den Zuckergehalt am besten im Griff. Ungesüßte Kräuter- oder Früchtetees eignen sich beispielsweise als Getränk, solange sie nicht zu häufig gegeben werden.

Gut trinken von Anfang an

Vor allem Stillkinder tun sich zu Beginn oft mit dem Trinken schwer. Bieten Sie unterschiedliche Varianten an. Trinken vom Löffel geht immer, manchmal funktionieren Strohhalmflaschen, einige Babys verstehen auch schnell das Trinken aus dem Becher oder aus dem Trinklernbecher. Sollte nichts davon richtig klappen: Ruhe bewahren und es immer wieder versuchen. Vorübergehend können Sie Getränke notfalls leicht süßen (und dann die Süße nach und nach reduzieren), dünne Schorlen oder wasserreiche Lebensmittel wie Obst anbieten oder die Flüssigkeit in den angebotenen Breis (Rezepte ab Seite 186) erhöhen.

Beeren-
KAISERSCHMARRN

Dieser fluffige Kaiserschmarrn ist wahnsinnig lecker, ein echter Hingucker und eignet sich prima als Sonntagsfrühstück. Wenn Sie in der Familie überlegen, was es am Wochenende zum Frühstück geben soll, werden alle nach diesem Kaiserschmarrn rufen – jede Wette!

376 kcal, 16 g F, 43 g KH, 4 g B, 12 g E

Für 4 Portionen

Für den Teig:
4 Eier
3 EL Zucker
250 ml Milch
40 g Mehl
40 g zarte oder kernige Haferflocken
1 Prise Salz

Außerdem:
2 EL neutrales Öl zum Ausbacken
250 g Blaubeeren
2 TL Butter zum Ausbacken
3 EL Puderzucker zum Bestreuen

Eier trennen. Die Eiweiße in ein hohes Gefäß geben und kurz beiseitestellen. Die Eigelbe in eine Rührschüssel geben und mit 2½ EL Zucker, Milch, Mehl und Haferflocken mit dem Schneebesen zu einem glatten Teig verrühren. Den Teig 15 Minuten quellen lassen.

Die Eiweiße mit dem restlichen Zucker und Salz sehr steif schlagen und mit einem Teigschaber behutsam unter den Teig heben.

1 EL Öl in einer großen beschichteten Pfanne erhitzen. Den Teig hineingeben, zwei Drittel der Blaubeeren darüberstreuen und den Pfannkuchen bei mittlerer Hitze 4 Minuten backen, bis die Unterseite fest geworden ist. Dann den Schmarrn mit einem Pfannenwender wenden und das restliche Öl zugeben, den Schmarrn weitere 2–3 Minuten garen.

Zum Schluss den Schmarrn mit zwei Pfannenwendern in Stücke zupfen. Die Butter zufügen und den Schmarrn 1–2 Minuten weiterbacken, dabei etwas rütteln, damit nichts anbackt.

Den Kaiserschmarrn auf vier Teller geben, die restliche Blaubeeren darüberstreuen und mit Puderzucker bestäubt servieren.

Herzhafter Kaiserschmarrn Die Beeren durch Pilze, Zucchini oder Schinken ersetzen und geriebenen Käse statt Zucker verwenden. Zum Schluss mit Pfeffer, frisch geriebener Muskatnuss und Kräutern würzen.

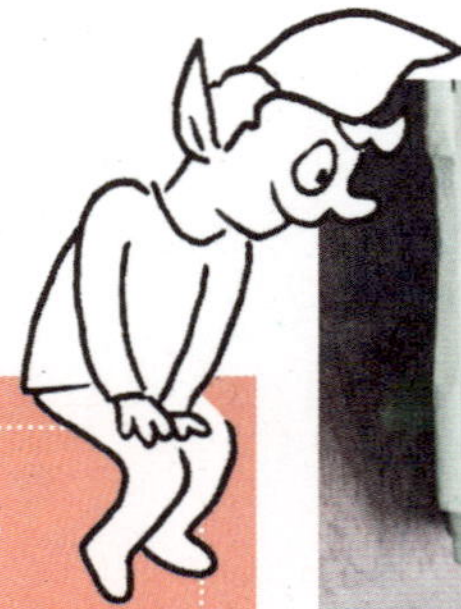

Ein Hoch auf die Stulle! Bei mir wird aus der klassischen Käse- oder Schinkenstulle eine leckere Spiegeleistulle mit viel leicht verdaulichem Eiweiß, das in Kombination mit Vollkornbrot besonders lange satt hält. Passt zum Frühstück, zum Abendbrot oder als Snack zwischendurch und schmeckt mit Gemüse, Fisch oder Fleisch. Die Eier werden direkt aus der Pfanne warm obenauf gelegt.

SPIEGELEIERBROT

mit Räucherlachs und Dill

Für 4 Portionen

8 Scheiben Brot
4 TL Butter
1 Schalotte, geschält und gewürfelt
10 Cherrytomaten, gewürfelt
8 Eier
Salz
Pfeffer
50 g Frischkäse
2 Stängel Dill, gehackt
etwas Zitronensaft
8 Scheiben Räucherlachs
16 Gurkenscheiben, ggf. geschält

Pro Scheibe 292 kcal, 13 g F, 22 g KH, 3 g B, 18 g E

Wer mag, toastet sein Brot vorab und lässt es kurz abkühlen. Dann die Butter in einer großen Pfanne erhitzen und die Schalotten- und Tomatenwürfel kurz darin anschwitzen. Die Eier auf das Gemüse geben, mit Salz und Pfeffer würzen und bei schwacher Hitze mit geschlossenem Deckel 3–5 Minuten braten.

In der Zwischenzeit die (getoasteten) Brotscheiben mit Frischkäse bestreichen, den Dill darüberstreuen und etwas Zitronensaft darüberträufeln.

Die Spiegeleier in acht Stücke teilen und auf die Brote legen. Auf jedes Brot 2 Scheiben Räucherlachs und 4 Scheiben Gurke legen – und die Stullen noch warm genießen.

Tipp: Durch den Einsatz des Pfannendeckels kann man den Garpunkt der Spiegeleier gut beeinflussen, sie werden leicht knusprig und die Eigelbe wachsweich. Wer die Eigelbe lieber hart mag, verlängert die Zeit etwas.

SPIEGELEIERBROT
mit Schinken und Champignons

Pro Scheibe 246 kcal, 9 g F, 22 g KH, 3 g B, 16 g E

Wer mag, toastet sein Brot vorab und lässt es kurz abkühlen. Dann die Butter in einer großen Pfanne erhitzen und Schalotten, Knoblauch, Schinken und Champignons knusprig anbraten, mit Salz, Pfeffer und Zucker würzen. Die Eier daraufgeben, mit Salz und Pfeffer würzen und bei schwacher Hitze mit geschlossenem Deckel 3–5 Minuten braten.

In der Zwischenzeit die (getoasteten) Brotscheiben mit Frischkäse bestreichen, mit Petersilie bestreuen und mit etwas Zitronensaft beträufeln.

Die Spiegeleier in acht Stücke teilen und die Brote damit belegen. Die Brote nach Belieben mit Tomaten- und Gurkenscheiben garnieren.

Für 4 Portionen

8 Scheiben Brot
4 TL Butter
2 Schalotten, geschält und gewürfelt
1 Knoblauchzehe, geschält und in feinen Scheiben
200 g Kochschinken, in 1–2 cm großen Würfeln
125 g Champignons, in feinen Scheiben
Salz
Pfeffer
1 Prise Zucker
8 Eier
50 g Frischkäse
4 Stängel glatte Petersilie, grob gehackt
etwas Zitronensaft
Tomaten- und Gurkenscheiben

SPIEGELEIERBROT
mit Zucchini und Paprika

Pro Scheibe 265 kcal, 12 g F, 23 g KH, 4 g B, 13 g E

Wer mag, toastet sein Brot vorab und lässt es kurz abkühlen. Dann die Butter in einer großen Pfanne erhitzen und Schalotten, Knoblauch, Zucchini und Paprika darin anbraten, mit Salz und Pfeffer würzen. Die Eier auf das Gemüse geben und bei schwacher Hitze mit geschlossenem Deckel 3–5 Minuten braten.

In der Zwischenzeit die (getoasteten) Brotscheiben mit dem Frischkäse bestreichen, die Gartenkräuter darüberstreuen und den Zitronensaft darüberträufeln.

Die Spiegeleier in acht Stücke teilen und die Brote damit belegen. Zum Schluss den gehobelten Parmesan darüberstreuen.

Für 4 Portionen

8 Scheiben Brot
4 TL Butter
2 Schalotten, geschält und gewürfelt
1 Knoblauchzehe, geschält und gewürfelt
1 kleine Zucchini, halbiert und in feinen Streifen
½ rote und gelbe Paprika, in 1 cm großen Würfeln
Salz, Pfeffer
8 Eier
50 g Frischkäse
1 Handvoll Gartenkräuter, grob gehackt
etwas Zitronensaft
50 g gehobelter Parmesan

BANANENPANCAKES
mit Joghurt

Pancakes einmal anders – voller Fruchtsüße und unglaublich schnell gemacht. Sie können nicht nur mit Haferflocken, Kernen und Saaten (siehe Seite 25) spielen, sondern auch mit Gewürzen. Im Winter passt Zimt und im Sommer bringt Zitronenabrieb ein wenig Frische in den Teig.

307 kcal, 16 g F, 21 g KH, 2 g B, 16 g E

Für 4 Portionen

3 Bananen, geschält und in Stücken
6 Eier
Mark von ½ Vanilleschote
½ Prise Salz

Außerdem:
1 EL Butter zum Ausbacken
500 g Naturjoghurt zum Servieren

Bananenstücke und Eier in ein hohes Gefäß geben und mit einem Stabmixer fein pürieren. Mit Vanille und Salz abschmecken. Die Butter in einer großen Pfanne schmelzen. Den Teig mit einem großen Esslöffel häufchenweise in die Pfanne geben und bei schwacher Hitze 2–3 Minuten von jeder Seite backen.

Den Naturjoghurt zu den frisch gebackenen Pancakes reichen.

Tipp: Aus der halben Schote können Sie Vanillezucker herstellen (siehe Tipp auf Seite 27). Die übrige Vanilleschote können Sie kurz in Milch aufkochen und als selbst gemachte Vanillemilch Ihren Kindern servieren oder selbst zum Kaffee genießen.

SCHNELL AUF DEN TISCH

Es soll nicht immer Spaghetti Bolognese oder Pizza sein? Ob mittags oder abends, die folgenden Rezepte sind in weniger als 30 Minuten rasant zubereitet, ziemlich gesund und megalecker. Ob vegetarisch, mit Fisch oder Fleisch: Hier ist für jeden etwas dabei. Entspannte Eltern und glückliche Kinder sind garantiert.

KALTE GURKEN-APFEL-SUPPE
mit Dill

Wenn's im Sommer mal einen richtigen Frischekick geben soll, passt diese Suppe perfekt. Sie ist auch ein prima Mitbringsel zur Grillparty. Wer mag, verleiht ihr mit einer Chilischote etwas mehr Schärfe oder mit zwei Knoblauchzehen einen Hauch mehr Würze. Auch Flusskrebse und Nordseekrabben passen gut dazu.

177 kcal, 11 g F, 13 g KH, 3 g B, 3 g E

Für 4 Portionen

3 Gurken, ggf. geschält
1 Apfel
Salz
2 EL Olivenöl
Saft von 1 Zitrone
Pfeffer
Zucker

Außerdem:
1 Handvoll Dill, grob gehackt
½ Gurke, fein geraspelt
100 g Schmand

Die Gurken und den Apfel mit einer feinen Reibe in eine große Schüssel reiben, mit etwas Salz bestreuen und 10 Minuten ziehen lassen. Dann mit dem Stabmixer pürieren und mit Olivenöl, Zitronensaft, Salz, Pfeffer und Zucker abschmecken.

Vor dem Servieren Dill und Gurke in und je einen großen Klecks Schmand auf die Suppe geben.

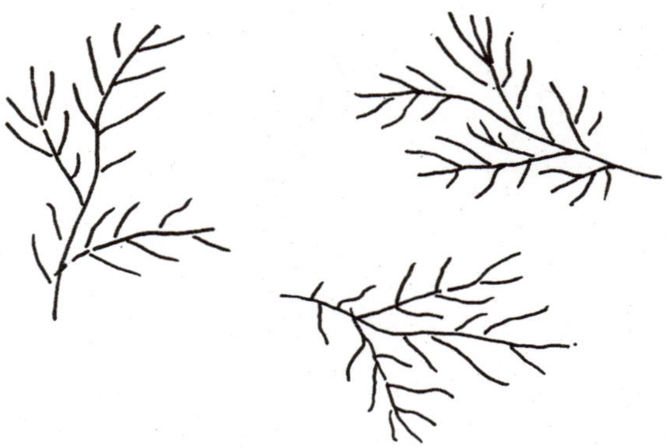

GRIESS-KRÄUTER-KLÖSSE
mit Gemüsesoße

Diese Grießklöße sind ratzfatz gemacht und vor allem bei den Kleinsten der Hit. Beim Gemüse haben Sie alle Möglichkeiten und können bunt würfeln – ganz nach den Wünschen der Familie.

700 kcal, 42 g F, 52 g KH, 10 g B, 19 g E

Für 4 Portionen

Für die Soße:
700 g TK-Gemüse nach Wahl (z. B. Blumenkohl, Brokkoli, Mais, Möhren oder Erbsen)
500 ml Gemüsebrühe (selbst gemacht siehe Seite 126)
2 EL Butter
2 Schalotten, geschält und gewürfelt
2 EL Mehl
200 ml Sahne
Salz
Pfeffer
Muskatnuss, frisch gerieben

Für die Klöße:
500 ml Milch
60 g Butter
Salz
Muskatnuss, frisch gerieben
200 g Weichweizengrieß
2 Eier
1 Handvoll Gartenkräuter, gehackt

Für die Soße das aufgetaute TK-Gemüse mit der Gemüsebrühe erhitzen. Sobald es kocht, vom Herd nehmen und gar ziehen lassen.

Für die Klöße die Milch mit Butter, Salz und Muskat leicht aufkochen und dann den Grieß hineinrieseln lassen. Dabei immer schön rühren. Nach kurzer Zeit klumpt die Masse und es bildet sich eine Art Kloß. Den Topf sofort vom Herd nehmen und die Masse abkühlen lassen.

In der Zwischenzeit die Butter für die Soße in einem Topf erhitzen und die Schalotten darin anbraten. Dann mit dem Mehl abbrennen. Das bedeutet, dass das Mehl untergerührt wird und sobald sich ein feiner Belag auf dem Topfboden bildet, dieser mit der heißen Brühe (ohne das Gemüse) abgelöscht wird. (Am besten hierfür ein Sieb auf den Topf mit der Mehlschwitze legen und die Brühe in den Topf schütten. Das aufgefangene Gemüse kurz beiseitestellen.) So lange rühren, bis sich die Mehlschwitze vollständig aufgelöst hat. Dann Gemüse und Sahne zugeben.

Die Eier und die Gartenkräuter zu der noch warmen Grießmasse geben und gründlich untermischen. Aus der Masse 12 gleich große Klößchen formen und für 10 Minuten in siedendes Salzwasser geben. (Achtung, das Wasser sollte wirklich nicht kochen, sonst schlagen die Klöße aneinander und gehen kaputt.)

Zum Schluss die Gemüsesoße kurz aufkochen lassen, mit Salz, Pfeffer und Muskat abschmecken und zu den Grießklößen servieren.

Tipp: Sie können für die Soße selbstverständlich auch frisches Gemüse nehmen. Verwenden Sie dann ca. 1 kg, da durch den Schälverlust einiges verloren geht. Das Gemüse einfach waschen und klein schneiden und analog zum TK-Gemüse zubereiten. Die Grieß-Kräuter-Klöße lassen sich übrigens hervorragend auf Vorrat einfrieren.

KIBBELINGE MIT BUNTEM SALAT
und Kräuterdip

Knusprig und knackig – hier schlagen kleine Kinderherzen höher. Im Winter gibt es statt des frischen Salats einfach geschmortes Gemüse zum Fisch.

Für 4 Portionen

Für die Kibbelinge:
1 l neutrales Öl
3 Eier
250 ml Milch
Salz, Pfeffer
1 TL Zitronenabrieb
250 g Mehl
400 g küchenfertiges, grätenfreies Fischfilet (am besten Kabeljau oder im Winter Skrei), in 3 cm großen Würfeln

Für den Salat:
2 Romana-Salatherzen, in feinen Streifen
125 g Dattelcherrytomaten, in Vierteln
½ Gurke, geschält und in dünnen Halbmonden
1 Dose Gemüsemais (100 g), abgetropft
2 Frühlingszwiebeln, in feinen Ringen

Für die Vinaigrette:
3 EL Olivenöl
1 EL Aceto Balsamico bianco oder rosé
1 TL milder Senf
1 TL Honig
Salz, Pfeffer

Für den Kräuterdip:
1 Bund Gartenkräuter (z.B. Petersilie, Dill, Kerbel, Schnittlauch, Basilikum), fein gehackt
200 g saure Sahne
Salz, Pfeffer
1 Prise Zucker

681 kcal, 41 g F, 42 g KH, 4 g B, 30 g E

Für die Kibbelinge das Öl in einem hohen Topf erhitzen. Die Eier mit der Milch in eine große Schüssel geben, mit einem Schneebesen aufschlagen und mit Salz, Pfeffer und Zitronenabrieb würzen. Das Mehl zugeben und gründlich untermengen, sodass keine Klümpchen mehr vorhanden sind. Sobald das Fett die richtige Temperatur erreicht hat, die Fischstücke kurz in die Schüssel geben und mithilfe einer Gabel wenden, sodass sie komplett mit Teig bedeckt sind. Mithilfe von zwei Gabeln vorsichtig in das heiße Fett gleiten lassen und in 2–3 Minuten portionsweise knusprig braun frittieren. Mit einem Schaumlöffel herausnehmen und auf einem mit Küchenpapier ausgelegten, feuerfesten Teller im Backofen bei 100 °C warm halten.

Für den Salat Salatherzen, Cherrytomaten, Gurke, Mais und Frühlingszwiebeln in eine große Schüssel geben und gut vermengen. Für die Vinaigrette Öl, Essig, Senf, Honig, Salz und Pfeffer in ein hohes, schmales Gefäß geben und mit einem Stabmixer vermischen. Erneut abschmecken und über den Salat geben.

Für den Dip die Kräuter und die saure Sahne in eine Schüssel geben und mit einem Schneebesen glatt rühren, mit Salz, Pfeffer und Zucker abschmecken.

Die Kibbelinge mit Kräuterdip und buntem Salat servieren.

Tipp: Zum Frittieren sollte das Fett eine Temperatur von ca. 170 °C haben. Ist es heißer, entsteht Acrylamid, das als wahrscheinlich Krebs erzeugend gilt. Ist es zu kalt, saugt sich der Fisch lediglich mit dem Fett voll und wird nicht knusprig. Um die Temperatur zu überprüfen, halten Sie einen Holzlöffel in das Fett. Sobald reichlich kleine Bläschen aufsteigen, hat es die richtige Temperatur. Frittieren Sie dann in mehreren Schritten und halten Sie die fertigen Stücke im Ofen warm. Salat, Vinaigrette und Kräuterdip können Sie prima im Vorfeld zubereiten, sodass die Kibbelinge später flugs auf dem Tisch stehen.

TOMATENSUPPE
mit Zitrone und Basilikum

Diese Tomatensuppe steht durch das eingekochte Sugo ruckzuck auf dem Tisch. Vor allem im Sommer ist dies ein köstliches Süppchen, das beliebig erweitert werden kann.

Mit Gambas 187 kcal, 12 g F, 6 g KH, 3 g KH, 11 g E
Mit Jakobsmuscheln 171 kcal, 11 g F, 7 g KH, 3 g B, 8 g E
Mit Hähnchen 190 kcal, 11 g F, 6 g KH, 3 g B, 13 g E

Für 4 Portionen

Für das Grundrezept:
- 2 EL Olivenöl
- 4 Schalotten, geschält und gewürfelt
- 1 Knoblauchzehe, geschält und gewürfelt
- 8 Stängel Zitronenthymian
- ½ TL Fenchelsamen
- Salz
- Pfeffer
- 1 Prise Zucker
- 1 l selbst gemachtes Tomatensugo (siehe Tipp)
- 1 Handvoll Basilikum, grob gehackt

Für drei Varianten:
- 1 EL Olivenöl
- 8 küchenfertige Gambas **oder** küchenfertige Jakobsmuscheln **oder** 4 Hähnchenbrustinnenfilets
- 2 Knoblauchzehen
- 1 EL Butter
- Salz
- Pfeffer
- Saft von ½ Zitrone

Außerdem:
- 4 lange Spieße

Das Olivenöl in einem weiten Topf erhitzen und Schalotten, Knoblauch, Zitronenthymianstängel und Fenchelsamen darin anschwitzen. Mit Salz, Pfeffer und Zucker würzen und dann mit dem Sugo ablöschen.

Die Suppe aufkochen lassen und 10 Minuten leise köcheln lassen. Dann durch ein Sieb oder die flotte Lotte (Passiergerät) geben und erneut abschmecken. Zum Schluss Basilikum einrühren und servieren.

Für die gewählte Variante (Gambas, Jakobsmuscheln oder Hähnchenbrust) in einer großen Pfanne das Olivenöl erhitzen, jeweils 2 Gambas oder Jakobsmuscheln oder 1 Hähnchenbrustinnenfilet auf die Spieße stecken. Die Spieße mit den Knoblauchzehen in die heiße Pfanne geben und von jeder Seite 2 Minuten anbraten. Beim Umdrehen der Spieße die Butter zugeben und alles mit Salz und Pfeffer würzen. Die fertigen Spieße mit Zitronensaft beträufeln und auf die Teller mit der Suppe legen. Zum Schluss das aromatische Olivenöl-Butter-Gemisch über die Tomatensuppe träufeln.

Tipp: Selbst gemachtes Tomatensugo rundet viele Gerichte ab. Es kann niemals schaden, es im Vorratsschrank zu haben. Für 1,2 l Sugo 3 EL Olivenöl in einem großen Topf erhitzen, 2 geschälte, in Scheiben geschnittene Knoblauchzehen und 4 geschälte und fein gewürfelte Schalotten darin bei mittlerer Hitze 5 Minuten anbraten. Dann mit Salz, Pfeffer und 1 TL Zucker würzen, mit 1 EL Aceto balsamico ablöschen und kurz glasieren. 3 Dosen stückige Tomaten à 400 ml (alternativ 1 kg frische, grob gehackte Tomaten) zugeben und das Sugo bei schwacher Hitze ca. 30 Minuten köcheln lassen, dabei immer wieder umrühren. Erneut abschmecken und zum Schluss 1 Bund grob gehacktes Basilikum und 1 TL Zitronenabrieb zugeben.

SCHUPFNUDELN
mit Möhren und Spitzkohl

Schupfnudeln sind im süddeutschen Raum und in der österreichischen Küche ein Klassiker und erfreuen sich mittlerweile vielerorts großer Beliebtheit. Wer Zeit sparen muss, kann im Supermarkt fertige Schupfnudeln aus der Frischetheke kaufen.

803 kcal, 24 g F, 112 g KH, 11 g B, 24 g E

Für die Schupfnudeln Eier und Gewürze zu den geriebenen Kartoffeln geben und alles mit den Händen zu einem glatten Teig vermengen. Nach und nach das Mehl einarbeiten. Der Teig sollte glatt und locker sein.

In einem großen Topf reichlich Salzwasser zum Kochen bringen. Den Teig in vier Stücke teilen, diese zu langen Rollen formen, dabei immer wieder etwas mehlieren. Die Rollen mit einer Gabel in ca. 3 cm große Stücke teilen und mit bemehlten Händen zu typischen Schupfnudeln formen. Sobald das Wasser kocht, die Hitze reduzieren und die Schupfnudeln in siedendem Wasser gar ziehen lassen, bis sie oben schwimmen. Das dauert nur 2–4 Minuten. Mit einem Schaumlöffel herausnehmen, kurz in einer Schüssel mit kalten Wasser abschrecken und beiseitestellen.

Für das Gemüse in einer großen Pfanne Öl und Butter erhitzen, Schalotten, Knoblauch, Schinkenwürfel, Möhren und Spitzkohl kräftig anschwitzen. Mit Salz, Pfeffer und Zucker würzen. Das Gemüse in 15 Minuten gar braten, dabei immer wieder rühren. Inzwischen die Schupfnudeln in einer zweiten Pfanne in der Butter anbraten, bis sie etwas Farbe bekommen. Zum Schluss die Schupfnudeln zum Gemüse geben und unterheben. Mit Petersilie garniert servieren.

Tipp: Wer es lieber süß mag, brät die Schupfnudeln in Butter an, gibt noch etwas Mohn und Honig dazu und genießt sie mit Vanilleeis – eine köstliche Süßspeise!

Für 4 Portionen

Für die Schupfnudeln:
2 Eier
Salz
Pfeffer
1 Prise Muskatnuss, frisch gerieben
800 g vorwiegend festkochende Kartoffeln, gekocht (am besten am Vortag) und fein gerieben
ca. 400 g Mehl + etwas zum Verarbeiten
1 EL Butter

Für das Gemüse:
3 EL Olivenöl
2 EL Butter
4 Schalotten, geschält und in feinen Streifen
1 Knoblauchzehe, geschält und fein gehackt
100 g magerer Schinkenspeck, gewürfelt
500 g Möhren, geschält und in schrägen Scheiben
½ kleiner Spitzkohl, in feinen Streifen
Salz
Pfeffer
1 Prise Zucker

Außerdem:
½ Bund Petersilie, fein gehackt, zum Garnieren

ASIATISCHE PFANNKUCHEN
mit Sesamdip

Dieses Rezept bringt selbst kleine Gemüsemuffel dazu, doch mal Gemüse zu probieren und zu mögen. Denn hier wird es mit den heiß geliebten Pfannkuchen kombiniert.

Für 4 Portionen

Für den Dip:
4 EL Sesamsamen, ohne Fett geröstet
2 TL Honig
6 EL helle Sojasoße
2 TL Sweet-Chili-Soße
2 EL kaltes Wasser

Für den Pfannkuchenteig:
125 ml kaltes Wasser
150 g Mehl
2 Eier

Für das Gemüse:
1 EL Butter
1 EL Olivenöl
1 Bund Frühlingszwiebeln, in feinen Längsstreifen
2 Möhren, geschält und in dünnen Streifen
2 Baby-Pak-Choi, in Achteln
Salz
Pfeffer
1 Prise Zucker
2 EL helle Sojasoße

392 kcal, 17 g F, 39 g KH, 7 g B, 14 g E

Für den Dip Sesam, Honig, Soja- und Sweet-Chili-Soße und Wasser in einer Schüssel gründlich verrühren und bei Zimmertemperatur ziehen lassen.

Für den Teig Wasser, Mehl und Eier in einer Schüssel mit einem Schneebesen zu einem glatten Teig verrühren und 10 Minuten ziehen lassen.

In der Zwischenzeit für das Gemüse Butter und Öl in einer großen Pfanne erhitzen und darin in 5 Minuten Frühlingszwiebeln, Möhren und Pak Choi scharf anbraten. Mit Salz, Pfeffer und Zucker würzen. Die Sojasoße zugeben und alles erneut kurz durchschwenken. Den Teig gleichmäßig in die Pfanne gießen und bei schwacher Hitze 3 Minuten anbraten. Den Pfannkuchen mit einem Pfannenwender wenden und von der anderen Seite 2 Minuten braten.

Die asiatischen Pfannkuchen in Stücke schneiden und mit dem Sesamdip beträufelt servieren.

SPINAT-KARTOFFEL-TOPF
mit Ei und Sesam

Häufig ist Spinat bei Kindern nicht sehr beliebt, doch bei diesem Rezept werden sie begeistert sein – so war es zumindest bei uns! Wenn die Zeit einmal knapp ist, können Sie statt frischem Spinat auch TK-Spinat verwenden.

Mit 1 Ei 417 kcal, 28 g F, 24 g KH, 3 g B, 13 g E
Mit 2 Eiern 500 kcal, 34 g F, 25 g KH, 3 g B, 20 g E

Für 4 Portionen

2 EL Olivenöl
2 Schalotten, geschält und fein gewürfelt
2 Knoblauchzehen, geschält und in feinen Scheiben
1 EL Sesamsamen
Salz
Pfeffer
1 Prise Zucker
½ TL Muskatnuss, frisch gerieben
600 g festkochende Kartoffeln, geschält und in mundgerechten Stücken
1 l Gemüsebrühe (selbst gemacht siehe Seite 126)
200 ml Sahne
200 g Babyspinat
6 Eier

Das Olivenöl in einem weiten Topf mit schwerem Boden erhitzen und Schalotten, Knoblauch und Sesam darin scharf anrösten. Mit Salz, Pfeffer, Zucker und Muskat würzen. Die Kartoffeln zugeben, gründlich untermengen und mit Brühe und Sahne ablöschen.

Den Eintopf bei schwacher Hitze mit geschlossenem Deckel 20 Minuten leise köcheln lassen. Dann den Spinat unterheben und in 3–5 Minuten gar ziehen lassen. Nach Belieben nochmals mit Salz, Pfeffer und Muskat abschmecken.

Die Eier in 6 Minuten wachsweich kochen, anschließend pellen. Den Eintopf auf vier Teller verteilen, für die Großen je 2 Eier und für die Kleinen je 1 Ei in die Tellermitte setzen.

PARMA
TOMATEN
400 g
260 g

FERTIGPRODUKTE IN DER KÜCHE

Ganz schön ungesund – oder nicht?

Fertigprodukte haben einen schlechten Ruf – voller Chemie sollen sie sein, zu fett, zu süß, zu salzig. Aber ganz so einfach ist das nicht. Was stimmt: Je stärker ein Lebensmittel verarbeitet ist und je mehr unterschiedliche Zutaten enthalten sind, desto größer ist auch die Wahrscheinlichkeit, dass sich darin Stoffe befinden, die in der Kinderernährung nichts zu suchen haben. Was ebenfalls stimmt: Ein gekaufter Fruchtjoghurt hat oft viel zugesetzten Zucker, die Fertigpizza zu viel Salz und das Eis ist voller Farb- und Aromastoffe.

Nicht nur verteufeln

Aber es gibt auch Fertigprodukte, die einfach nur praktisch, lecker und manchmal sogar besser sind als selbst gemachte Produkte. Zum Beispiel? Tiefkühlobst und -gemüse. Frisch geerntet und sofort tiefgefroren enthält es oft mehr Vitamine als an Luft und Licht transportiertes frisches Obst und Gemüse. Wie so oft gilt auch beim Gebrauch von Fertigprodukten, die richtige Balance zu finden.

Tipps zum richtigen Umgang

1. Genau hinsehen. Das heißt, die Zutatenliste und die Nährwertangabe auf der Packung überprüfen. Was viel enthalten ist, steht in der Zutatenliste ganz vorne; in der Nährwertangabe wird es dann konkreter (zum Beispiel „Kohlenhydrate gesamt" und „davon Zucker"). Hier ist jeweils der gesamte Zucker gemeint und nicht nur der zugesetzte. Das bedeutet, wenn zum Beispiel Früchte ein Bestandteil sind, ist der Zuckergehalt hoch, weil sie von Natur aus Zucker enthalten.
Bei herzhaften Gerichten ist es etwas einfacher: Eine Fertigpizza Bolognese enthält ca. 10 Gramm Zucker, 5 Gramm Salz und 30 Gramm Fett. Empfohlen werden für Erwachsene nicht mehr als 50 Gramm Zucker (besser max. 25 Gramm), höchstens 6 Gramm Salz und ca. 80 Gramm Fett am Tag, für Kinder weniger. Allerdings kommt es natürlich darauf an, was sonst noch gegessen wird und wurde: Eine Fertigpizza allein macht noch keine ungesunde Ernährung aus – sie macht eine gesunde Ernährung nur schwieriger.

2. So viel wie möglich selbst machen. Auch wenn klar ist, dass vielen dafür heutzutage die Zeit fehlt. Oder die Lust. Oder beides. Doch wenn Sie klug kombinieren, Fertigprodukte sinnvoll und gezielt einsetzen und dann noch clevere Vorbereitungen treffen, schaffen Sie es, mit wenig Zeitaufwand gesunde und leckere Mahlzeiten auf den Tisch zu zaubern. Versprochen!

Bulgur und Couscous sind super für die Kinderküche. Kinder lieben die orientalischen Weizenvariationen! Für uns bringen sie Abwechslung auf den Tisch. Couscous ist feiner und erinnert an herzhaften Grießbrei, Bulgur ist die gröbere Variante und erinnert eher an Reis. Wählen Sie einfach nach Geschmack und Lust aus!

Pikantes
FISCH-TABOULEH

Für 4 Portionen

1 EL Olivenöl
200 g küchenfertiges helles Fischfilet, in 2 cm großen Würfeln
1 Zwiebel, geschält und fein gewürfelt
1 Knoblauchzehe, geschält und in feinen Scheiben
2 Tomaten, in 1 cm großen Würfeln
500 ml Gemüsebrühe (selbst gemacht siehe Seite 126)
250 g Couscous oder Bulgur
1 Handvoll Basilikum, grob gehackt
Salz
Zucker

304 kcal, 4 g F, 46 g KH, 5 g B, 17 g E

Das Olivenöl in einem weiten Topf mit schwerem Boden erhitzen. Die Fischfiletwürfel darin mit Zwiebel und Knoblauch anbraten, nach 3 Minuten die gewürfelten Tomaten samt Saft zugeben. Mit der heißen Brühe auffüllen und den Couscous oder Bulgur einrieseln lassen. 5 Minuten bei schwacher Hitze köcheln lassen. Mit einem Deckel verschließen und 10 Minuten quellen lassen.

Das Basilikum untermengen, ggf. mit etwas Salz und Zucker abschmecken und servieren.

COUSCOUS-PORRIDGE

Ohne Obst 366 kcal, 10 g F, 55 g KH, 4 g B, 10 g E

Den Couscous oder Bulgur kurz in der Butter anschwitzen, mit Saft und Milch ablöschen, kurz aufkochen und mit geschlossenem Deckel 10 Minuten quellen lassen. Wer mag, gibt beim Anschwitzen Obst hinzu. Mit Zitronensaft und -abrieb und Honig abschmecken.

Für 4 Portionen

250 g Couscous oder Bulgur
2 EL Butter
200 ml Apfelsaft
300 ml Milch
Saft und Abrieb von ½ Bio-Zitrone
1 EL Honig

Außerdem:
frisches Obst nach Belieben

Buntes
GEMÜSE-TABOULEH

276 kcal, 4 g F, 46 g KH, 6 g B, 9 g E

Das Olivenöl in einem weiten Topf mit schwerem Boden erhitze. Möhre, Zwiebel, Knoblauch, Sellerie, Blumenkohl und Brokkoli darin anschwitzen. Sobald alles Farbe genommen hat, den Couscous oder Bulgur zufügen und kurz mitanschwitzen. Dann mit der heißen Brühe ablöschen und die Erbsen zugeben. Bei schwacher Hitze 3–5 Minuten leise köcheln lassen. Mit einem Deckel verschließen und 10 Minuten quellen lassen.

Zum Schluss die Gartenkräuter untermengen, nach Belieben mit etwas Salz abschmecken und servieren (siehe Foto links).

Für 4 Portionen

1 EL Olivenöl
1 Möhre, geschält und fein gewürfelt
1 Zwiebel, geschält und fein gewürfelt
1 Knoblauchzehe, geschält und in feinen Scheiben
1 Stange Staudensellerie (mit Grün), in feinen Streifen
1 Handvoll Blumenkohl, in Röschen
1 Handvoll Brokkoli, in Röschen
250 g Couscous oder Bulgur
500 ml Gemüsebrühe (selbst gemacht siehe Seite 126)
100 g Erbsen
1 Handvoll Gartenkräuter, gehackt
Salz nach Belieben

Süßes
TABOULEH

Für 4 Portionen

1 EL Butter
1 Apfel, klein gewürfelt
1 Birne, klein gewürfelt
½ TL Zitronenabrieb
1 TL Zitronensaft
20 g Cranberrys
20 g Rosinen
250 g Couscous
200 ml Apfelsaft
300 ml Birnensaft

395 kcal, 4 g F, 76 g KH, 6 g B, 8 g E

Die Butter in einem weiten Topf mit schwerem Boden erhitzen, Apfel und Birne darin anschwitzen. Zitronenabrieb und -saft, Cranberrys und Rosinen zugeben. Den Couscous kurz mitanschwitzen, dann mit den Säften ablöschen. Alles zum Kochen bringen und ohne Hitze mit geschlossenem Deckel 10 Minuten quellen lassen.

Tipp: Statt Cranberrys und Rosinen können Sie auch andere Trockenfrüchte verwenden. Wenn es etwas knackiger sein soll, geben Sie das Obst erst nach dem Quellen dazu.

Für 12–15 Bratlinge

2–4 EL Olivenöl
1 Stängel Thymian, die Blättchen fein gehackt
2 Zwiebeln, geschält und fein gewürfelt
1 Knoblauchzehe, geschält und in feinen Scheiben
250 g Couscous oder Bulgur
400 ml Gemüsebrühe (selbst gemacht siehe Seite 126)
200 g würziger Hartkäse (z.B. Bergkäse, Gruyère), fein gerieben
1 Ei + ggf. 1 weiteres Ei oder 1 Eigelb
Salz
Pfeffer
1 Prise Muskatnuss, frisch gerieben

Knusprige BRATLINGE

In einem Topf mit schwerem Boden 1 EL Olivenöl erhitzen. Thymian, Zwiebeln und Knoblauch darin anschwitzen. Sobald das Gemüse Farbe angenommen hat, den Couscous oder Bulgur zugeben und mit der heißen Brühe auffüllen. Den Topf vom Herd nehmen und die Mischung mit geschlossenem Deckel 10 Minuten quellen lassen. Danach gründlich auflockern, am besten mit einer Gabel, um den Couscous etwas runterzukühlen.

Käse und Ei untermengen und alles zu einem festen Teig kneten. Falls die Masse zu trocken ist, ggf. noch 1 Ei oder auch nur 1 Eigelb einarbeiten. Mit Salz, Pfeffer und Muskat abschmecken. Die Masse mit zwei Esslöffeln in kleine Häufchen teilen und mit feuchten Händen zu Kugeln formen. Die Bratlinge in einer heißen Pfanne mit dem restlichen Olivenöl in 2 Minuten von jeder Seite knusprig anbraten, ggf. noch ein wenig platt drücken.

Pro Stück (bei 15) 131 kcal, 6 g F, 12 g KH, 1 g B, 6 g E

PAPRIKASUPPE
mit Polenta und Estragon

Knallrot ist sie, leicht zitronig und durch den Estragon von intensiver Süße – so schmeckt der Sommer! Die Mozzarella-Brot-Spieße runden den Geschmack perfekt ab.

Für 4 Portionen

Für die Suppe:
2 EL Olivenöl
2 Schalotten, geschält und grob klein geschnitten
1 Knoblauchzehe, geschält und grob klein geschnitten
3 rote Paprika, grob klein geschnitten
3 Stängel Estragon, gehackt, oder 1 TL getrockneter Estragon
Salz
Pfeffer
1 TL Honig
1 TL Zitronenabrieb und Saft von 1 Bio-Zitrone
600 ml Gemüsebrühe (selbst gemacht siehe Seite 126)
200 ml Sahne
100 g Polenta

Für die Spieße:
4 Scheiben Baguette, getoastet und halbiert
12 kleine Mozzarellakugeln
12 Blätter Basilikum

Außerdem:
4 lange Holzspieße

453 kcal, 27 g F, 35 g KH, 5 g B, 12 g E

Für die Suppe in einem großen Topf mit schwerem Boden das Olivenöl erhitzen. Schalotten, Knoblauch und Paprika darin anbraten. Nach 5 Minuten mit Estragon, Salz, Pfeffer, Honig, Zitronenabrieb und -saft würzen. Kurz glasieren. Mit Gemüsebrühe und Sahne ablöschen.

Die Suppe 10 Minuten köcheln lassen, dann mit einem Stabmixer fein pürieren. Die Polenta unterrühren und die Suppe bei schwacher Hitze 5 Minuten ziehen lassen.

In der Zwischenzeit für die Spieße das Baguette, die Mozzarellakugeln und die Basilikumblätter im Wechsel auf vier Spieße stecken.

Die fertige Suppe erneut abschmecken. In Schüsseln füllen und mit den Spießen garniert servieren.

Tipp: Die Suppe lässt sich gut einfrieren und bei Bedarf auftauen.

GEMÜSE-PASTA
mit Rucola und Parmesan

Mehr Sommer auf dem Teller geht nicht! Mit diesem Gericht lassen sich auch kleine Gemüseskeptiker zu einem großen Teller überreden.

385 kcal, 19 g F, 33 g KH, 5 g B, 15 g E

Für die Pasta die Nudeln in reichlich Salzwasser nach Packungsanleitung kochen. 2 Minuten vor Ende der angegebenen Kochzeit Frühlingszwiebeln, Möhren, Zucchini und Paprika zugeben.

Für die Soße in einer großen Pfanne die Butter und das Olivenöl erhitzen. Schalotten und Knoblauch darin anschwitzen. Mit Salz, Pfeffer und Zucker kräftig würzen. Mit einer Kelle aus dem Gemüse-Pasta-Topf 300 ml Kochwasser abnehmen und in die Pfanne geben. Wer die Pasta etwas cremiger mag, kann noch etwas Kochwasser in einer Schüssel beiseitestellen, um es ggf. hinzuzugeben.

Die Gemüse-Pasta in ein großes Sieb abgießen und in die Pfanne geben. Kurz durchschwenken, Rucola und Parmesan unterheben und sofort genießen.

Für 4 Portionen

Für die Pasta:
Salz
150 g Linguini oder Bavette
2 Frühlingszwiebeln, in feinen Längsstreifen
2 Möhren, geschält und in feinen Längsstreifen
1 Zucchini, in feinen Längsstreifen
1 rote Paprika, in feinen Längsstreifen

Für die Soße:
2 EL Butter
2 EL Olivenöl
2 Schalotten, geschält und in feinen Streifen
1 Knoblauchzehe, geschält und in feinen Scheiben
Salz
Pfeffer
1 Prise Zucker
100 g Rucola
100 g Parmesan, fein gerieben

FLAMMKUCHENTEIG

Pro Stück 432 kcal, 12 g F, 62 g KH, 10 g B, 12 g E

Wer kennt das nicht: Man sitzt in großer Runde zusammen und plötzlich rufen die Kinder kollektiv nach einer Kleinigkeit zu essen. Flammkuchen mit Wunschbelag sind dann eine gute Idee. Aber Achtung, einmal Flammkuchen, immer Flammkuchen …
Die knusprigen Fladen sind einfach so lecker, dass sie regelmäßig von den Kids eingefordert werden.

Für 4 Stück

400 g Vollkornmehl + etwas zum Verarbeiten
4 EL Olivenöl
1 TL Salz

Den Backofen auf 200 °C Umluft vorheizen und zwei Backbleche mit Backpapier auslegen.

Mehl, Olivenöl, Salz und 250 ml Wasser in eine Schüssel geben und zu einem glatten Teig kneten.

Den Teig auf eine bemehlte Fläche legen und in vier Stücke teilen. Jedes Stück mit einer Teigrolle zu einer Größe von ca. 25 x 15 cm rollen.

Je zwei Flammkuchen auf ein Blech legen und nach Rezept (siehe Seite 64 und 65) belegen. Nacheinander im heißen Ofen 10–12 Minuten backen.

FLAMMKUCHEN
mit Paprika und Oliven

Für 4 Stück

Flammkuchenteig (siehe Seite 63)
200 g Schmand
1 rote Paprika, fein gewürfelt
1 gelbe Paprika, fein gewürfelt
2 Schalotten, geschält und fein gewürfelt
200 g schwarze Oliven, entsteint und grob gehackt
Salz
Pfeffer
2 EL Olivenöl

Außerdem:
½ Bund Basilikum, grob gehackt, zum Bestreuen

Pro Stück 718 kcal, 37 g F, 69 g KH, 16 g B, 15 g E

Die Flammkuchen laut Grundrezept (siehe Seite 63) zubereiten und gleichmäßig mit Schmand bestreichen. Paprika, Schalotten und Oliven darauf verteilen, mit Salz und Pfeffer bestreuen und mit Olivenöl beträufeln. Die Flammkuchen im heißen Ofen bei 200 °C Umluft 10–12 Minuten backen und sofort mit Basilikum bestreut servieren.

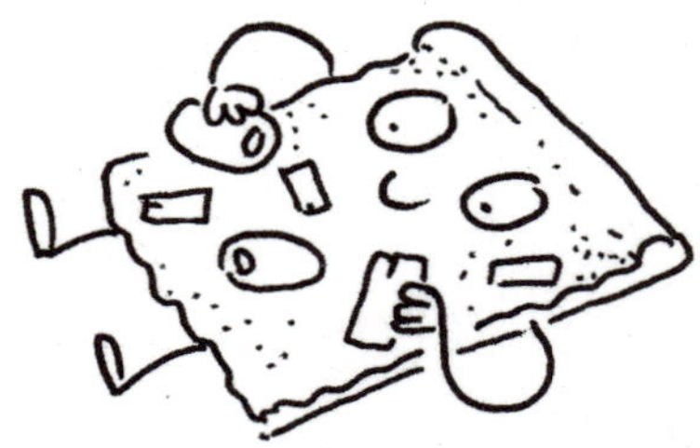

FLAMMKUCHEN
mit schnellem Pesto und Tomaten

Für 4 Stück

Flammkuchenteig (siehe Seite 63)
½ Bund Basilikum
4 EL Olivenöl
1 Knoblauchzehe, geschält
40 g Parmesan, grob gehackt
Pfeffer
12 Dattelcherrytomaten, je nach Größe halbiert
50 g Rucola

Pro Stück 575 kcal, 25 g F, 64 g KH, 11 g B, 15 g E

Die Flammkuchen laut Grundrezept (siehe Seite 63) zubereiten. Basilikum mit Olivenöl, Knoblauch, Parmesan und Pfeffer in ein hohes Gefäß geben und mit einem Stabmixer glatt pürieren. Das Pesto auf die Fladen streichen und die Flammkuchen im heißen Ofen bei 200 °C Umluft 10–12 Minuten backen. Herausnehmen, mit Tomaten und Rucola belegen (siehe Foto auf Seite 62) und servieren.

FLAMMKUCHEN
mit Lauch und Bacon

Pro Stück 718 kcal, 37 g F, 69 g KH, 16 g B, 15 g E

Für 4 Stück

- Flammkuchenteig (siehe Seite 63)
- 1 EL Olivenöl
- 1 Stange Lauch (nur das Weiße und Hellgrüne), in feinen Ringen
- 100 g magerer Schinkenspeck
- Salz
- Pfeffer
- 1 Prise Zucker
- 1 Prise Muskatnuss, frisch gerieben
- 200 g saure Sahne
- 50 g Hartkäse, fein gerieben

Die Flammkuchen laut Grundrezept (siehe Seite 63) zubereiten. Das Olivenöl in einer großen Pfanne erhitzen, Lauch und Schinkenspeck darin 3 Minuten scharf anbraten. Mit Salz, Pfeffer, Zucker und Muskat würzen. Die Flammkuchen gleichmäßig mit der sauren Sahne bestreichen, das Lauch-Speck-Gemüse darauf verteilen und den Käse daraufstreuen. 10–12 Minuten im heißen Ofen bei 200 °C Umluft backen.

FLAMMKUCHEN
mit Birnen, Roquefort und Walnüssen

Pro Stück 786 kcal, 41 g F, 71 g KH, 13 g B, 21 g E

Für 4 Stück

- Flammkuchenteig (siehe Seite 63)
- 100 g saure Sahne
- 100 g Roquefort
- 2 kleine Birnen (z.B. Abate Fetel oder Williams Christ), in feinen Streifen
- 100 g Walnusskerne, grob gehackt
- ½ Kopf Radicchio, in feinen Streifen

Die Flammkuchen laut Grundrezept (siehe Seite 63) zubereiten. Die saure Sahne gleichmäßig darauf verteilen. Den Roquefort grob darüberbröseln und die Birnen und die Walnüsse auf den Flammkuchen verteilen. Im heißen Ofen bei 200 °C Umluft 10–12 Minuten backen. Nach dem Herausnehmen mit Radicchio bestreuen und sofort genießen.

KNUSPRIGER KARTOFFELFISCH
mit Möhrchen

Herrlich knusprig und schön saftig kommt der Fisch in diesem Rezept daher. Dazu gesellt sich die leichte Süße der Möhren – lecker! Das ist ein Gericht, das garantiert immer gut ankommt.

308 kcal, 12 g F, 20 g KH, 4 g B, 25 g E

Für den Fisch die Filets auf der Hautseite mehrmals leicht einritzen. Dann die geriebenen Kartoffeln mit Salz und Pfeffer würzen und kräftig ausdrücken, die Kartoffeln auf der Hautseite der Fischfilets verteilen. Die Thymianstängel mit dem Olivenöl in eine große Pfanne geben und diese erhitzen. Sobald der Thymian zu „knistern" anfängt, die Fischfilets mit den Kartoffeln zuunterst in die Pfanne legen. Bei schwacher Hitze 15 Minuten braten. Sobald die Fischfilets sichtbar anfangen durchzugaren, den Fisch vorsichtig mit einem Pfannenwender wenden und von der anderen Seite in 2–4 Minuten zu Ende garen.

Während der Fisch gart, die Möhren mit Butter, Brühe, Salz, Pfeffer und Honig in einen kleinen Topf geben und mit geschlossenem Deckel bei schwacher Hitze in 20 Minuten gar kochen.

Den Fisch mit den Möhrchen anrichten und den entstandenen Kochsud von den Möhren daraufträufeln.

Für 4 Portionen

Für den Fisch:
4 küchenfertige Zanderfilets à ca. 120 g, trocken getupft
4 große Kartoffeln, geschält und fein gerieben
Salz
Pfeffer
5 Stängel Thymian
2 EL Olivenöl

Für die Möhrchen:
1 Bund Möhren (mit Grün), längs geviertelt
2 EL Butter
400 ml Gemüsebrühe (selbst gemacht siehe Seite 126)
Salz
Pfeffer
1 TL Honig

KÜRBISSPALTEN AUS DEM OFEN
mit Kräuterschmand

Ein Herbstrezept, das Ihnen die Sonne des Orients in die Küche zaubert. Und wenn den Kindern Kürbis alleine nicht so gut schmeckt, wird er einfach um Blumenkohl und Möhren ergänzt.

635 kcal, 38 g F, 53 g KH, 7 g B, 13 g E

Den Backofen auf 200 °C vorheizen und ein tiefes Blech mit Backpapier auslegen. Kürbis, Kartoffeln, Perlzwiebeln und Knoblauch in eine große Schüssel geben, mit Öl beträufeln und mit Salz, Pfeffer, Zucker, Curry und Käse bestreuen. Mit zwei großen Löffeln gründlich umrühren, sodass die Gewürze sich gleichmäßig verteilen. Das Gemüse auf dem Backblech verteilen und in 20 Minuten im heißen Ofen knusprig backen.

Für den Kräuterschmand Schmand und Joghurt in eine große Schüssel geben und mit dem Schneebesen gründlich verrühren. Mit Zitronensaft und -abrieb, Salz, Pfeffer und Zucker abschmecken und die Kräuter einrühren. Bis zum Servieren kalt stellen.

Die Kürbisspalten auf vier Tellern verteilen und mit dem Kräuterschmand anrichten.

Tipp: Hokkaido-Kürbis eignet sich für dieses Rezept hervorragend, weil seine Schale essbar und wunderbar aromatisch ist. Wer noch mehr Orient auf dem Teller möchte, kann die Hälfte der Gartenkräuter auch durch frischen Koriander ersetzen.

Für 4 Portionen

Für die Kürbisspalten:
1 kleiner Hokkaido-Kürbis (ca. 1 kg), in 2 cm großen Würfeln (Schale mitverwenden)
500 g festkochende Kartoffeln, in 1,5 cm breiten Spalten
10 Perlzwiebeln, geschält
3 Knoblauchzehen, geschält
2 EL Olivenöl
Salz
Pfeffer
1 Prise Zucker
1 TL mildes Currypulver
50 g kräftiger Hartkäse, grob gerieben

Für den Kräuterschmand:
400 g Schmand
200 g griechischer Joghurt (10 % Fett)
Saft und Abrieb von ½ Bio-Zitrone
Salz
Pfeffer
1 Prise Zucker
1 Bund Gartenkräuter (z. B. Petersilie, Kerbel, Schnittlauch), fein gehackt

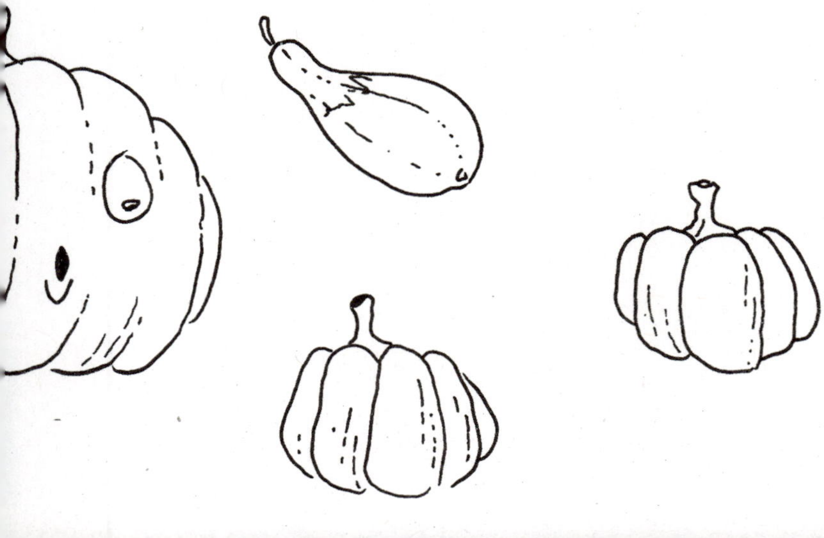

Erbsen, Bohnen und Linsen … erfreuen den Darm! Sie enthalten nicht nur viele gesunde Ballaststoffe (die mitunter für Blähungen sorgen), sondern auch viel pflanzliches Eiweiß und langsam verdauliche Kohlenhydrate – so machen sie lange satt und sorgen für einen konstanten Blutzuckerspiegel. Aber: Hülsenfrüchte müssen vor dem Verzehr gekocht werden, ansonsten sind sie giftig.

LINSENEINTOPF

Für 4 Portionen

2 EL Butter
200 g durchwachsener Speck, klein gewürfelt
2 Zwiebeln, geschält und klein gewürfelt
1 kleine Stange Lauch, in feinen Ringen
¼ Sellerieknolle, in 1 cm großen Würfeln
2 Möhren, geschält, längs geviertelt und in 1 cm großen Stücken
300 g festkochende Kartoffeln, geschält und in 1 cm großen Würfeln
Salz, Pfeffer
1 Prise Zucker
4–6 grobe Mettwürstchen
400 g Teller- oder Berglinsen
2 l Gemüse- oder Fleischbrühe (selbst gemacht siehe Seite 126 f.) + ggf. etwas mehr

Außerdem:
½ Bund Petersilie, grob gehackt

1003 kcal, 57 g F, 56 g KH, 22 g B, 49 g E

Die Butter in einem großen Topf mit schwerem Boden erhitzen und den Speck darin auslassen. Das Gemüse zugeben und 5 Minuten kräftig anbraten. Mit Salz, Pfeffer und Zucker würzen.

Die Mettwürstchen mit der Gabel einstechen, damit sie nicht platzen. Mit den Linsen zugeben und mit der Brühe auffüllen. Bei schwacher Hitze in 40 Minuten alles gar kochen. Dabei immer wieder umrühren und, falls der Eintopf zu dick werden sollte, etwas Brühe zugeben. Zum Schluss erneut abschmecken und mit Petersilie bestreut servieren.

Tipp: Den Eintopf am besten am Vorabend zubereiten, weil er durchgezogen besonders gut schmeckt. Die vier Portionen sind sehr großzügig bemessen, sodass dieses Lieblingsgericht oft für zwei Tage reicht.

ERBSENEINTOPF

823 kcal, 27 g F, 69 g KH, 25 g B, 59 g E

Die Butter in einem großen Topf mit schwerem Boden erhitzen und Bauchspeck und Kassler darin kräftig anschwitzen. Das Gemüse zugeben und 5 Minuten kräftig anbraten. Mit Salz, Pfeffer und Zucker würzen. Erbsen und Majoran zugeben und mit der Brühe auffüllen. Bei schwacher Hitze in 40 Minuten alles gar kochen. Dabei immer wieder rühren und, falls der Eintopf zu dick werden sollte, etwas Brühe zugeben. Zum Schluss erneut abschmecken.

Tipp: Den Eintopf bereits am Vortag kochen – das spart Stress und Zeit. Die Menge ist großzügig bemessen und ergibt etwas mehr als vier Portionen. Dazu gibt's Graubrot und Senf.

Für 4 Portionen

2 EL Butter
200 g geräucherter Bauchspeck, fein gewürfelt
400 g mageres Kassler, fein gewürfelt
2 Zwiebeln, geschält und fein gewürfelt
1 kleine Stange Lauch, in feinen Ringen
¼ Sellerieknolle, in 1 cm großen Würfeln
2 Möhren, geschält, längs geviertelt und in 1 cm großen Stücken
300 g mehligkochende Kartoffeln, geschält und in 1 cm großen Würfeln
Salz, Pfeffer
1 Prise Zucker
500 g Schälerbsen (ungeschält geht auch, dann müssen die Erbsen aber mind. 1 Nacht in Wasser einweichen)
1 TL Majoran
2 l Gemüse- oder Fleischbrühe (selbst gemacht siehe Seite 126 f.) + ggf. etwas mehr

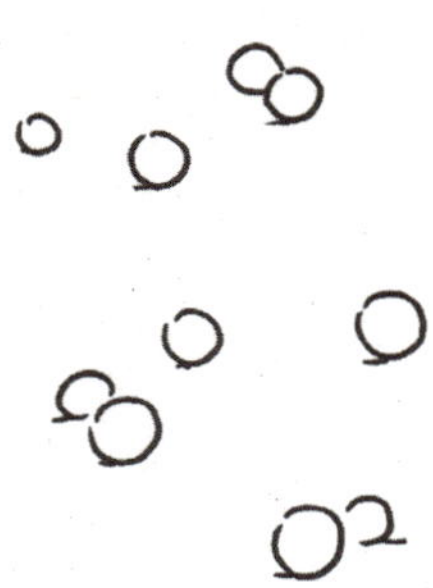

BRATWURST

mit Spitzkohl-Kartoffelstampf

In Thüringen sind Bratwurst, Sauerkraut und Kartoffelstampf ein absolutes Lieblingsessen. Ich habe die klassische Variante etwas vereinfacht, das heißt aber nicht, dass sie weniger köstlich schmeckt …

595 kcal, 43 g F, 27 g KH, 4 g B, 21 g E

Für den Kartoffelstampf die Kartoffeln in einen Topf mit reichlich heißem Salzwasser geben und mit geschlossenem Deckel in 20 Minuten gar kochen.

Für die Bratwurst in einer Pfanne das Öl erhitzen und die Bratwurst darin bei schwacher Hitze in 15 Minuten knusprig braten.

Gleichzeitig Olivenöl und Butter in einer weiteren großen Pfanne erhitzen und die Schalotten und den Spitzkohl darin scharf anbraten. Immer wieder wenden. Nach 12 Minuten die Hitze reduzieren und die Milch angießen. Mit Salz, Pfeffer und Muskat würzen und kurz weiterköcheln lassen.

Die Kartoffeln abgießen und dabei ca. einen Fingerbreit hoch Kochwasser im Topf lassen. Die Kartoffeln mit einem Kartoffelstampfer zu Püree verarbeiten und zu dem Spitzkohl in die Pfanne geben. Gut durchstampfen, abschmecken und mit der Bratwurst servieren.

Für 4 Portionen

Für den Spitzkohl-Kartoffelstampf:
700 g mehligkochende Kartoffeln, geschält und in 1,5–2 cm großen Würfeln
Salz
1 EL Olivenöl
2 EL Butter
4 Schalotten, geschält und fein gewürfelt
½ kleiner Spitzkohl, fein gewürfelt
200 ml Milch
Pfeffer
1 Prise Muskatnuss, frisch gerieben

Für die Bratwurst:
1 EL neutrales Öl
4 grobe oder feine Bratwürste à ca. 120 g

Gepresst mit frischem Rosmarin
nach den Standards der EU für
Native Olivenöle Extra

HÄHNCHEN-SALTIMBOCCA
auf Erbspüree

Saltimbocca ist italienisch und bedeutet so viel wie: „Spring in den Mund." Nichts leichter als das, die kleinen Spieße machen Lust auf mehr und die würzigen Erbsen hüpfen wie von selbst hinterher …

531 kcal, 29 g F, 20 g KH, 8 g B, 41 g E

Für die Saltimbocca-Spieße die Hähnchenstücke etwas pfeffern, auf jedes Stück 1 Blatt Salbei legen, dann mit dem Schinken umwickeln. Auf jeden Spieß kommen drei Stücke.

Das Olivenöl in einer großen Pfanne erhitzen und die Spieße darin von jeder der vier Seiten bei mittlerer Hitze in 2–3 Minuten anbraten.

Für das Püree die Butter in einem Topf schmelzen. Die Schalotten darin anbraten, und nach 2 Minuten die aufgetauten Erbsen und die heiße Brühe zugeben. 7–8 Minuten köcheln lassen. Sobald die Erbsen weich gekocht sind, mit einem Stabmixer fein pürieren. Den Mascarpone zugeben, mit Salz und Pfeffer würzen, erneut pürieren und abschmecken.

Das Erbspüree auf die Tellermitte geben und je einen Spieß darauf platzieren. Den in der Pfanne entstandenen Bratensud über das Essen träufeln.

Für 4 Portionen

Für das Saltimbocca:
2 Hähnchenbrüste, in 3 x 3 cm großen Stücken (= ca. 12 Stücke)
Pfeffer
12 Blätter Salbei
12 Scheiben luftgetrockneter Schinken (z.B. Serrano)
2 EL Olivenöl

Für das Püree:
2 EL Butter
2 Schalotten, geschält und fein gewürfelt
600 g TK-Erbsen
500 ml Gemüse- oder Fleischbrühe (selbst gemacht siehe Seite 126f.)
100 g Mascarpone
Salz
Pfeffer

Außerdem:
12 lange Holzspieße

ORECCHIETTE
mit Schinken und Brokkoli

Eigentlich ist Brokkoli bei Kindern nicht so beliebt, aber mit diesem Rezept wird sich das blitzschnell ändern. So bekommen Sie jeden Grünverächter dazu, einen Teller Gemüse zu genießen.

Für 4 Portionen

250 g Orecchiette
Salz
2 EL Olivenöl
2 EL Butter
200 g Kochschinken, klein gewürfelt
2 Schalotten, geschält und fein gewürfelt
1 Knoblauchzehe, geschält und in feinen Scheiben
1 kleiner Brokkoli (mit den kleinen, zarten Stielen), in Röschen
Pfeffer
1 Prise Muskatnuss, frisch gerieben
200 g Kräuterfrischkäse

Außerdem:
100 g Parmesan, fein gerieben, zum Bestreuen

689 kcal, 36 g F, 48 g KH, 6 g B, 35 g E

Die Orecchiette in reichlich Salzwasser nach Packungsanleitung gar kochen.

In der Zwischenzeit in einer großen Pfanne Olivenöl und Butter erhitzen. Kochschinken, Schalotten, Knoblauch und Brokkoli darin 7 Minuten anbraten. Mit Salz, Pfeffer und Muskat würzen. Sobald die Nudeln fast gar sind, 200 ml Kochwasser abnehmen und in die Pfanne geben, den Kräuterfrischkäse zugeben und alles gut verrühren.

Die Pasta abgießen und ebenfalls in die Pfanne geben. Kurz durchschwenken und das Nudelgericht mit Parmesan bestreut servieren.

FISCH UND RÄUCHERFISCH

Fisch enthält viel Jod und Eiweiß. Für eine optimale Versorgung sollte er wöchentlich zweimal gegessen werden. Lachs, Hering, Makrele – die sogenannten Fettfische – sind außerdem besonders reich an wertvollen Omega-3-Fettsäuren (siehe Seite 12), und dabei ist es ganz egal, ob sie frisch oder als Räucherfisch auf den Tisch kommen.

FORELLENHÄPPCHEN
mit Äpfeln und Sellerie

Für 12 Stück

6 Scheiben Graubrot, getoastet und halbiert
250 g Hüttenkäse
½ Apfel (z.B. Braeburn oder Elstar), halbiert und in hauchfeinen Scheiben
2 Stangen Staudensellerie, in hauchfeinen Scheiben
4 Räucherforellenfilets, jeweils gedrittelt
4 Stängel glatte Petersilie

Pro Stück 111 kcal, 1 g F, 13 g KH, 2 g B, 10 g E

Die Brotscheiben mit dem Hüttenkäse bestreichen. Die Apfelscheiben und den Sellerie darauf verteilen. Forellenfiletstücke auf das Graubrot legen und zum Schluss mit der Petersilie garnieren (siehe Foto oben).

GURKE UND LACHS
auf Pumpernickel

Pro Stück 83 kcal, 5 g F, 4 g KH, 1 g B, 5 g E

Den Frischkäse auf den Pumpernickelscheiben verstreichen und die Scheiben danach vierteln. Gurken- und Möhrenscheiben und den Räucherlachs gleichmäßig auf den Vierteln verteilen. Zum Schluss mit Dill garnieren und servieren.

Tipp: Am besten funktioniert es, wenn Sie die Gurke und Möhre mit einem Sparschäler in feine Scheiben schneiden.

Für 12 Stück

100 g Doppelrahm-frischkäse
3 Scheiben Pumpernickel oder 8 kleine runde Pumpernickel
¼ Gurke, in hauchdünnen Scheiben
1 Möhre, geschält und in hauchdünnen Scheiben
200 g Räucherlachs

Außerdem:
2 Stängel Dill zum Garnieren

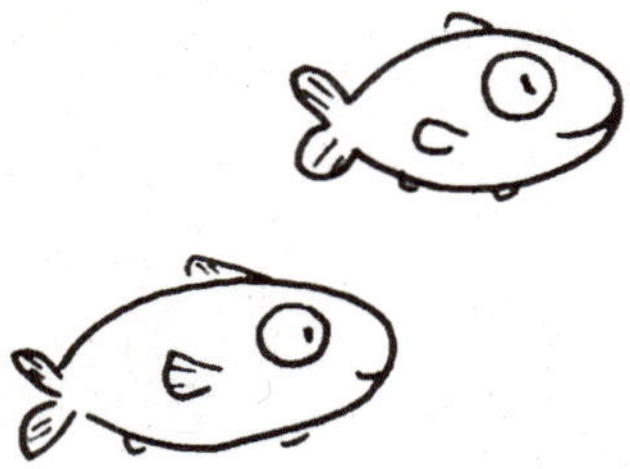

MATJESTATAR NACH OSTFRIESISCHER ART
mit grünen Bohnen

Pro Stück 101 kcal, 3 g F, 13 g KH, 2 g B, 4 g E

Matjes, Schalotte, Apfel, Zitronensaft, Petersilie und Olivenöl in eine Schüssel geben und gründlich vermengen. Mit Pfeffer abschmecken. (Salz ist in der Regel nicht nötig, da der Matjes schon genügend eigene Würze mitbringt.) Die grünen Bohnen auf den Brotscheiben verteilen, darauf das Tatar geben und servieren.

Für 12 Stück

2 Matjesfilets, fein gewürfelt
1 Schalotte, geschält und fein gewürfelt
½ grüner Apfel, geschält und fein gewürfelt
Saft von ½ Zitrone
4 Stängel Petersilie, fein gehackt
1 EL Olivenöl
Pfeffer
200 g grüne Bohnen, bissfest blanchiert
6 Scheiben Graubrot, getoastet und halbiert

PANIERTE SCHNITZEL
mit Bratkartoffel-Coleslaw

Coleslaw – Gemüse auf die amerikanische Art! Dazu knackige Bratkartoffeln und knusprig gebratene Schnitzel – und zwar so viele, dass wir auf die Frage „Mama, wann gibt es wieder Schnitzel?“ entspannt mit einem „Jetzt!“ antworten können.

1085 kcal, 67 g F, 59 g KH, 11 g B, 50 g E

Für den Coleslaw Spitzkohl, Möhren und Zwiebel in eine große Schüssel geben. Mit Salz, Pfeffer, Zucker und Zitronensaft kräftig würzen und mit den Händen gründlich durchkneten. Apfel, Mayonnaise, Senf und Petersilie zugeben und sorgfältig untermengen. Kühl stellen und ziehen lassen.

Für die Schnitzel drei tiefe Teller bereitstellen. In den ersten das Mehl geben, in den zweiten die Eier schlagen und mit Salz und Pfeffer würzen, in den dritten Panko, Kürbiskerne und Sesam füllen und vermischen. Das Butterschmalz in einer großen Pfanne schmelzen. Die Hähnchenscheiben erst in Mehl wenden, dann mit Ei benetzen und zum Schluss in der Knuspermischung wälzen.

Mit einem Holzlöffel prüfen, ob das Fett in der Pfanne schon heiß genug ist (sobald reichlich Bläschen am Holzlöffel aufsteigen, hat es die richtige Temperatur), dann die Schnitzel vorsichtig in die Pfanne geben. Achtung, immer nur so viele hineingeben, das jedes genug Platz hat. Die Schnitzel von jeder Seite in 3–4 Minuten knusprig braun braten. Die fertigen Schnitzel auf einem mit Küchenpapier ausgelegten, feuerfesten Teller bei ca. 80 °C im Backofen warm halten.

Während die Schnitzel braten, in einer zweiten Pfanne für die Bratkartoffeln Olivenöl erhitzen und die Kartoffelscheiben darin knusprig anbraten, dabei immer wieder wenden.

Nun den Coleslawsalat noch einmal durchmengen und ggf. erneut abschmecken. Die fertigen Bratkartoffeln auf vier Tellern verteilen und den Feldsalat darauflegen. Den Coleslaw und die Walnüsse ebenfalls darauf verteilen. Zum Schluss die Schnitzel daneben anrichten.

Tipp: Am besten gelingen Schnitzel, wenn Sie die Pfanne während des Bratens leicht in Kreisen auf der Herdplatte bewegen, so erreicht das heiße Fett die Schnitzel auch von oben und die Panade wird noch lockerer und knuspriger. Übrigens: Bereiten Sie die Schnitzel mit den Pellkartoffeln schon am Vortag zu, so steht das Gericht flott auf dem Tisch.

Für 4 Portionen

Für den Coleslaw:
½ kleiner Spitzkohl, in hauchfeinen Streifen
2 Möhren, fein geraspelt
1 Gemüsezwiebel, geschält und sehr fein gewürfelt
Salz, Pfeffer
3 Prisen Zucker
1 EL Zitronensaft
1 Apfel, fein gewürfelt
100 g Mayonnaise
1 TL milder grober Senf
½ Bund glatte Petersilie, fein gehackt

Für die Schnitzel:
150 g Mehl
3 Eier
Salz, Pfeffer
100 g Panko (grobes Paniermehl)
50 g Kürbiskerne
50 g Sesamsamen
4 EL Butterschmalz
3 Hähnchenbrüste mit Innenfilet, das Innenfilet sorgfältig abgetrennt und die Brüste jeweils in 3 dünne Querscheiben geschnitten

Für die Bratkartoffeln:
1 EL Olivenöl
500 g festkochende Kartoffeln, am Vortag als Pellkartoffeln gekocht, in Scheiben geschnitten
100 g Feldsalat
100 g Walnusskerne, gehackt und geröstet

BIO VERSUS REGIONAL

Ist Bio immer besser?

In Kitas ist es mittlerweile gang und gäbe, dass das Essen für die Kleinsten zum größten Teil aus biologischem Anbau stammt. Und das ist auch gut so: Schließlich sorgen die unterschiedlichen Bio-Siegel und Anbauverbände für mehr Tierwohl, mehr Umweltschutz und Lebensmittel mit weniger Schad- und Zusatzstoffen. Umweltschutzverbände bemängeln regelmäßig hohe Pestizidbelastungen bei konventionell angebautem Obst und Gemüse – für kleine Kinderkörper doppelt schlimm, essen sie doch für ihr Körpergewicht deutlich mehr als Erwachsene.

Wann Regionales vorne liegt

Bio ist nicht gleich Bio und manchmal schneiden regionale Produkte insgesamt besser ab. Warum ist das so? Es gibt unterschiedliche Biosiegel, die unterschiedlichen Vorgaben unterliegen. So erlaubt das EU-Bio-Siegel beispielsweise das Verfüttern von Tiermehl, den Einsatz von Nitritpökelsalzen und das Enthornen von Kühen – im strengsten Bio-Verband Demeter ist das alles verboten.
Für eine ökologisch sinnvolle Kaufentscheidung kann es teilweise richtig sein, auf Bio zu verzichten und lieber auf saisonale und regionale Produkte zurückzugreifen – beispielsweise wenn der Bio-Apfel aus Chile eingeflogen wird oder die Bio-Kartoffel aus Uruguay kommt. Dann ist der Kauf beim Bauern um die Ecke letztlich die ökologischere Entscheidung.

Und: Sie sollten saisonale Ware kaufen, das heißt, das Obst und Gemüse nach den Jahreszeiten auswählen, so muss es nicht von weit her zu uns transportiert werden.
Saisonkalender können Sie sich bei vielen Naturschutzverbänden oder beim Bundeszentrum für Ernährung downloaden oder als Poster bestellen.

Tipp: Am besten kaufen Sie kombiniert, bio und regional, am allerbesten beim Bauern Ihres Vertrauens, bei dem Sie die Haltungsbedingungen vor Ort kennen. Das geht auch in der Stadt, zum Beispiel mit einer Biokiste.

VEGGIE UND VEGAN FÜR KIDS?

Vegetarisch ja

Noch vor einigen Jahren war eine vegetarische Ernährung für Kinder umstritten – diese Meinung gilt mittlerweile als überholt, eine vegetarische Ernährung ist unproblematisch. Damit die Versorgung mit Eisen stimmt, sollte auf eine ausreichende Eisenaufnahme über eisenreiche, pflanzliche Lebensmittel geachtet werden; am besten in Kombination mit Vitamin-C-reichem Obst. Außerdem sollten genügend Milch- und reichlich Vollkornprodukte auf dem Speiseplan stehen.

Vegan nur unter Vorbehalt

Anders bei der veganen Ernährung: Wird neben Fleisch und Fisch auch auf sämtliche andere tierische Produkte wie Milchprodukte, Eier und Honig verzichtet, drohen Mangelerscheinungen. Entscheiden sich Jugendliche für eine vegane Ernährung oder wollen Eltern ihre Kinder aus ethischen Gründen vegan ernähren, brauchen sie ein umfangreiches Ernährungswissen und müssen auf Nahrungsergänzungsmittel (Supplemente) zurückgreifen, um schwerwiegende gesundheitliche Folgen zu verhindern.
Kinder und Jugendliche haben durch ihr Wachstum einen erhöhten Nährstoffbedarf. Ihren Energie- und Eiweißbedarf über rein vegane Ernährung zu decken, ist oft nicht einfach. Hinzu kommen Mikronährstoffe wie Jod oder Vitamin B12 oder Omega-3-Fettsäuren, die in pflanzlichen Lebensmitteln kaum oder gar nicht vorkommen und daher ergänzt werden müssen.
Säuglinge sollten außerdem möglichst lange (zusätzlich zur Beikost) gestillt werden, so können sie auf ganz natürlichem Weg die Nährstoffe bekommen, die sie brauchen, und das Risiko einer Mangelernährung ist geringer. Alternativ sollten nicht gestillte Babys eine Säuglingsnahrung auf Kuhmilchbasis bekommen, denn nur so können schwere Mangelerscheinungen im Säuglingsalter verhindert werden. Für Babys ist eine komplett vegane Ernährung nicht geeignet.

Wichtig:

Bei veganer Ernährung von Kindern oder Jugendlichen sollte eine engmaschige Rücksprache mit einer Ernährungsberatung und dem Kinderarzt oder der Kinderärztin erfolgen.

KABELJAUGULASCH
mit Paprika

Das etwas andere Gulasch. Hier eine Sommervariante, im Herbst passen Kürbis und Kartoffeln sehr gut und im Winter Kohl und Rüben.

Für 4 Portionen

4 EL Olivenöl
6 Schalotten, geschält und in 1 cm großen Würfeln
2 Knoblauchzehen, geschält und in feinen Scheiben
2 Paprika, in 2 cm großen Würfeln
2 EL Paprikapulver edelsüß
2 EL Paprikapulver rosenscharf
Salz
Pfeffer
1 Prise Zucker
400 ml Gemüsebrühe (selbst gemacht siehe Seite 126)
200 ml Sahne
700 g Kabeljaufilet, in 2 cm großen Würfeln
Saft und Abrieb von 1 Bio-Zitrone
½ Bund Petersilie, fein gehackt
4 Frühlingszwiebeln, in hauchfeinen Ringen

462 kcal, 28 g F, 12 g KH, 5 g B, 35 g E

Das Olivenöl in einem großen Topf mit schwerem Boden erhitzen und Schalotten, Knoblauch und Paprika darin scharf anbraten. Mit Paprikapulver, Salz, Pfeffer und Zucker würzen und kurz glasieren. Dann mit Brühe und Sahne ablöschen, einmal aufkochen und die Fischwürfel zugeben.

Das Gulasch bei schwacher Hitze mit geschlossenem Deckel in 5–8 Minuten gar ziehen lassen. Zum Schluss mit Zitronenabrieb und -saft, Petersilie, Frühlingszwiebeln und nach Belieben etwas Salz und Pfeffer abschmecken.

Tipp: Dazu passt Brot, Reis oder auch Pasta.

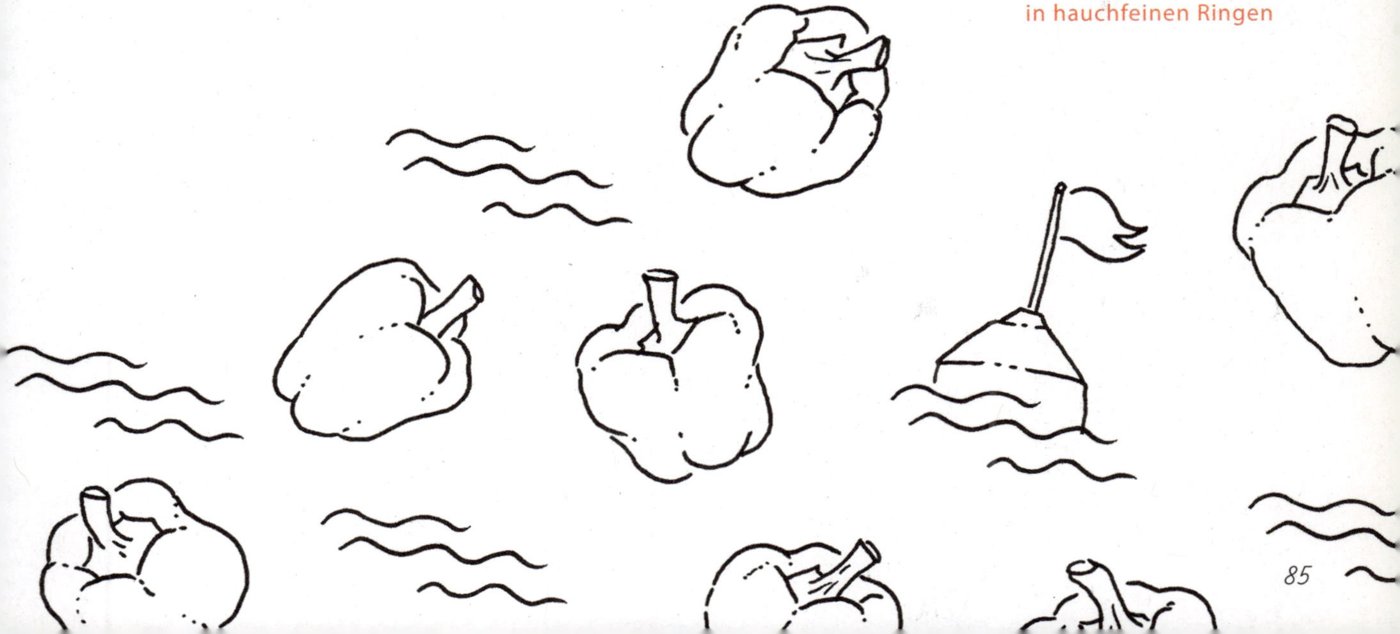

PASTASOTTO MIT RUCOLA, *getrockneten Tomaten und Oliven*

Risotto gilt mitunter als Königsdisziplin der italienischen Küche. Alles muss perfekt aufeinander abgestimmt sein. Wir machen es uns da ein wenig einfacher und wer variieren will, kann dies nach Lust und Laune tun.

455 kcal, 24 g F, 39 g KH, 4 g B, 16 g E

Für 4 Portionen

2 EL Olivenöl
50 g halbgetrocknete Tomaten in Öl
2 Schalotten, geschält und in feinen Streifen
1 Knoblauchzehe, geschält und in feinen Scheiben
4 Stängel Thymian
2 Stängel Rosmarin
Salz
Pfeffer
1 Prise Zucker
1 EL Kapern, ggf. gewässert
200 g gemischte Oliven, halbiert
200 g kleine Pasta nach Wahl (z.B. Mini-Farfalle)
1 l Gemüsebrühe (selbst gemacht siehe Seite 126) + ggf. etwas mehr
125 g Rucola

Außerdem:
100 g Parmesan, gerieben, zum Bestreuen

Für die Pasta das Olivenöl und die halbgetrockneten Tomaten inklusive Öl in einem Topf mit schwerem Boden erhitzen. Schalotten, Knoblauch, Thymian- und Rosmarinstängel darin anbraten. Mit Salz, Pfeffer und Zucker kräftig würzen. Kurz glasieren.

Kapern, Oliven und Pasta zugeben und gründlich unterrühren. Die Hälfte der Gemüsebrühe angießen und bei schwacher Hitze in 5 Minuten fast vollständig einziehen lassen. Dann den Rest der Brühe angießen und in 10 Minuten die Pasta gar ziehen lassen. Dabei immer wieder umrühren.

Zum Schluss erneut abschmecken. Sollte die Pasta noch zu bissfest sein, ggf. noch etwas mehr Brühe zugeben und die Garzeit um einige Minuten verlängern. Den Rucola unterheben und mit Parmesan bestreut servieren.

STECKRÜBEN-KARTOFFEL-RÖSTI
mit Zitronenschmand

Für 4 Portionen

Für die Rösti:
2 Gemüsezwiebeln, geschält und fein gewürfelt
400 g Steckrübe, geschält und grob geraspelt
400 g Kartoffeln, geschält und grob geraspelt
4 Eigelb
2 EL Mehl
Salz, Pfeffer
Muskatnuss, frisch gerieben
ca. 8 EL neutrales Öl

Für den Radicchio:
1 kleiner Kopf Radicchio, in feinen Streifen (die unteren weißen Blattkanten großzügig entfernt)
Kerne von 1 Granatapfel
1 Schalotte, geschält und fein gewürfelt
½ Bund glatte Petersilie, grob gehackt
1 EL Olivenöl
1 TL Honig
1 TL Zitronensaft
Salz, Pfeffer

Für den Zitronenschmand:
1 TL Zitronenabrieb
400 g Schmand
Salz, Pfeffer

651 kcal, 47 g F, 39 g KH, 6 g B, 11 g E

Die Gemüseauswahl im Herbst und Winter wird manchmal „Saure-Gurken-Zeit" genannt. Bei heimischen Bauern und Anbietern sind die Lager leer, und die Auswahl ist meist nicht so üppig wie im Frühling oder Sommer. Mit diesem Gericht bringen wir im Winter ein wenig Frühlingsvorfreude auf die Teller.

Für die Rösti Zwiebeln, Steckrübe und Kartoffeln ausdrücken und in eine große Schüssel geben. Mit den Eigelben, Mehl, Salz, Pfeffer und Muskat gründlich vermengen. In einer großen Pfanne 3 EL Öl erhitzen und mit einem Löffel den Steckrüben-Kartoffel-Teig in kleinen Häufchen in die Pfanne setzen. Diese etwas platt drücken und von jeder Seite in 3 Minuten knusprig braun braten. Für die nächste Runde Rösti wieder etwas Öl in die Pfanne geben.

Für den Radicchio den Salat mit den Granatapfelkernen, der Schalotte und der Petersilie in eine große Schüssel geben. Olivenöl, Honig und Zitronensaft gleichmäßig darüberträufeln. Mit Salz und Pfeffer würzen und alles gründlich vermengen.

Für den Zitronenschmand Zitronenabrieb und Schmand in eine Schüssel geben und mit Salz und Pfeffer abschmecken.

Die Steckrüben-Kartoffel-Rösti mit Schmand und Salat anrichten und servieren.

Tipp: Rösti lassen sich sehr gut einfrieren. Einfach rechtzeitig auftauen, Salat zaubern, Zitronenschmand anrühren – und schon ist das Essen für die hungrige Meute fertig.

3
1

PANZANELLA
mit dicken Bohnen

Ursprünglich gehören in diese rustikale Speise aus Italien nur geröstetes Brot, reife Tomaten, rote Zwiebeln, Olivenöl und Zitronensaft. Wir bringen etwas Abwechslung hinein und machen aus dem Klassiker eine vollständige Mahlzeit. Guten Appetit!

Für 4 Portionen

6 Scheiben Bauchspeck
3 EL Olivenöl
4 dicke Scheiben dunkles Vollkornbrot, jeweils gesechstelt
4 Schalotten, geschält und in feinen Streifen
1 Knoblauchzehe, geschält und in feinen Scheiben
300 g küchenfertige dicke TK-Bohnen
2 Stangen Staudensellerie, in hauchfeinen Scheiben
120 g Dattelcherrytomaten, geviertelt
8 Stängel Basilikum, grob klein gehackt
8 Stängel glatte Petersilie, grob klein gehackt
1 kleiner Kopf Radicchio, in feinen Streifen (die unteren, weißen Blattkanten großzügig entfernt)
Saft von ½ Zitrone
Salz
Pfeffer
40 g Parmesan, gehobelt

449 kcal, 18 g F, 44 g KH, 11 g B, 19 g E

Den Bauchspeck in eine große Pfanne legen und bei großer Hitze knusprig auslassen, dabei von jeder Seite 2–4 Minuten rösten. Auf einem großen Teller beiseitestellen. Dann 1 EL Olivenöl und die Brotwürfel in die Pfanne geben, dabei die Hitze etwas reduzieren. Die Brotwürfel unter mehrmaligem Wenden in 4 Minuten knusprig anbraten, aus der Pfanne nehmen und zu dem Speck legen. Erneut 1 EL Olivenöl in die Pfanne geben und darin die Schalotten und den Knoblauch leicht anschwitzen, nach 1 Minute die dicken Bohnen und 100 ml Wasser zugeben. Die Bohnen nun in 8 Minuten bei schwacher Hitze gar kochen.

In der Zwischenzeit Staudensellerie, Tomaten, Basilikum, Petersilie, Radicchio, 1 EL Olivenöl und den Zitronensaft in eine große Schüssel geben, leicht salzen und pfeffern und alles gründlich vermengen.

Den kalten Bauchspeck in ca. 1 cm breite Streifen schneiden und mit den gar gekochten Bohnen samt verbliebenem Sud ebenfalls in die große Schüssel geben und untermengen. Erneut abschmecken und ggf. nachwürzen. Kurz vor dem Servieren die gerösteten Brotwürfel und den Parmesan unterheben und den Tomaten-Brot-Salat sofort genießen.

Salz

PASTA MIT FRISCHEN PILZEN

und Parmesan

Sobald im Herbst die Saison beginnt, lohnt es sich, „in die Pilze zu gehen". Die Kinder toben durch den Wald und rascheln mit dem bunten Laub und Sie können derweil Pilze sammeln. Aber Achtung, sammeln Sie nur, was Sie kennen. Alles andere darf unangetastet weiterwachsen.

Für 4 Portionen

Für die Pasta:
250 g Pasta nach Belieben
Salz

Für die Pilzsoße:
2 EL Olivenöl + ggf. etwas mehr
2 EL Butter
4 Schalotten, geschält und fein gewürfelt
2 Knoblauchzehen, geschält und in feinen Scheiben
250 g frische gemischte Pilze (z.B. braune Champignons, Pfifferlinge, Austernseitlinge oder Steinpilze), in feinen Scheiben
Salz
Pfeffer
1 Prise Zucker
100 g Parmesan, fein gerieben
½ Bund frische Petersilie, fein gehackt

446 kcal, 19 g F, 46 g KH, 5 g B, 18 g E

Die Pasta in reichlich kochendem Salzwasser nach Packungsanleitung gar kochen.

Für die Pilzsoße in einer großen Pfanne Olivenöl und Butter erhitzen. Schalotten, Knoblauch und Pilze bei großer Hitze kräftig anbraten. Da die Pilze das Fett sehr schnell aufsaugen, ggf. noch 1–2 EL Olivenöl zugeben. Mit Salz, Pfeffer und Zucker kräftig würzen.

Die Pasta abgießen, aber nicht abtropfen lassen. Mit etwas Kochwasser zu den Pilzen in die Pfanne geben, ordentlich vermengen. Nochmals mit Salz und Pfeffer abschmecken. Zum Schluss Parmesan und Petersilie gründlich unterheben. Sofort servieren.

Tipp: Sie sollten Pilze nur in Ausnahmefällen waschen, da sie wie ein Schwamm viel Wasser aufsaugen und sehr matschig werden. Arbeiten Sie besser mit Messer und Pinsel. Falls die Pilze (vor allem kleine Pfifferlinge) sehr schmutzig sein sollten, hilft dieser Trick: Das saubere Spülbecken mit reichlich kaltem Wasser füllen. Mit einem Schneebesen 1 Handvoll Weizenmehl ins Wasser rühren. Die Pilze sehr schnell durch das Wasser ziehen und sofort auf Küchenpapier trocknen. Das Mehl zieht Schmutz- und Sandpartikel an und hilft so dabei, dass die Pilze nicht allzu viel Wasser aufnehmen.

WOCHENEND SCHMAUS

Am Wochenende ist endlich mehr Zeit zum Beisammensein, Kochen und Genießen. Vielleicht wollen die Kinder sogar beim Gemüseschnippeln helfen? Die folgenden Rezepte sind zwar ein wenig aufwendiger, aber so lecker, dass alle sich schon die ganze Woche darauf freuen können. Und wer größere Mengen zubereitet, kann gleich mehrere Tage davon schlemmen.

MARONENSUPPE
mit Haselnussgremolata

Würzig, erdig und mit einem Hauch von Süße: Diese Suppe vereint verschiedene Aromen. Maronen gibt's ab Herbst vorgegart und vakuumiert in der Obst- und Gemüseabteilung der meisten Supermärkte. So lassen sie sich gut im Vorrat lagern und Sie sparen bei der Zubereitung reichlich Zeit.

Für 4 Portionen

Für die Suppe:
2 EL Olivenöl
2 Schalotten, geschält und grob gewürfelt
500 g vorgegarte, vakuumierte Maronen
200 g mehligkochende Kartoffeln, geschält und in 2 cm großen Würfeln
Salz
weißer Pfeffer
1 Prise Zucker
800 ml Gemüsebrühe (selbst gemacht siehe Seite 126)
200 ml Sahne
Saft von 1 Zitrone

Für die Gremolata:
2 Knoblauchzehen, geschält und in hauchfeinen Scheiben
1 Handvoll Haselnusskerne, in feinen Scheiben
½ Bund glatte Petersilie, fein gehackt
1 TL Zitronenabrieb

516 kcal, 23 g F, 62 g KH, 12 g B, 6 g E

Für die Suppe das Olivenöl in einem Topf mit schwerem Boden erhitzen und die Schalotten, Maronen und Kartoffeln 5 Minuten darin anbraten. Mit Salz, weißem Pfeffer und Zucker würzen und mit Gemüsebrühe und Sahne ablöschen. Bei schwacher Hitze mit geschlossenem Deckel in 20 Minuten gar kochen.

In der Zwischenzeit für die Gremolata den Knoblauch und die Haselnüsse bei mittlerer Hitze und unter ständigem Rühren in einer Pfanne ohne Fett 3–5 Minuten rösten. In eine Schüssel geben, Petersilie und Zitronenabrieb zufügen und gut vermengen.

Die Suppe mit dem Stabmixer fein pürieren und mit Zitronensaft und weißem Pfeffer nach Belieben abschmecken.

Die Suppe in vier tiefe Teller füllen, die Gremolata darauf verteilen und servieren.

Tipp: Dazu passt geröstetes Brot.

FISCH UNTER DER KRÄUTERKRUSTE
mit Kartoffel-Möhren-Püree

Würzig und knusprig passt der Fisch super zu dem sämigen Püree, da essen auch die Allerkleinsten schon gerne mit.

435 kcal, 16 g F, 40 g KH, 5 g B, 27 g E

Für 4 Portionen

Für den Fisch:
2 Handvoll Gartenkräuter (z.B. Petersilie, Kerbel, Dill, Schnittlauch), grob gehackt
1 TL Zitronenabrieb
50 g Paniermehl (am besten Panko)
1 TL Kapern, fein gehackt
2 EL Olivenöl
Salz
Pfeffer
1 Prise Zucker
4 küchenfertige helle Fischfilets à ca. 100 g (z.B. Kabeljau oder Skrei)

Für das Püree:
600 g mehligkochende Kartoffeln, geschält und grob klein geschnitten
400 g Möhren, geschält und grob klein geschnitten
Salz
500 ml Milch
2 EL Butter
1 TL Muskatnuss, frisch gerieben
Pfeffer nach Belieben

Alle Zutaten für den Fisch, bis auf die Filets, in eine Schüssel geben, mit einer Gabel gut vermengen und kühl stellen.

Für das Püree Kartoffeln und Möhren in einem großen Topf in reichlich Salzwasser in 20–25 Minuten gar kochen. Milch, Butter und Muskat in einen kleinen Topf geben und bei niedriger Temperatur langsam erwärmen.

Den Backofen auf 180 °C vorheizen. Die Fischfilets in eine feuerfeste Form legen und gleichmäßig mit der Kräuterkruste bedecken. Im heißen Ofen 30 Minuten auf der mittleren Schiene garen.

Sobald das Gemüse gar gekocht ist, dieses zu drei Vierteln abgießen und dabei das Kochwasser auffangen. Ein wenig Kochwasser zu dem Fisch in die feuerfeste Form gießen (ca. so viel, dass der Fisch zur Hälfte im Kochwasser liegt). Vorsicht: Das Wasser nicht über die Kruste gießen, sonst verliert der Fisch seine Knusprigkeit.

Die Hälfte der warmen Milchmischung zu dem Gemüse geben. Mit einem Kartoffelstampfer sorgfältig klein stampfen, dann mit einem Schneebesen schön sämig rühren. Die restliche Milch nach und nach zugeben, bis die gewünschte Konsistenz erreicht ist. Das Püree mit Salz und Pfeffer nach Belieben abschmecken.

Das Püree jeweils auf die Tellermitte geben. Die Fischfilets obenauf setzen und etwas von der verbliebenen Flüssigkeit aus der Form um das Püree herumgießen.

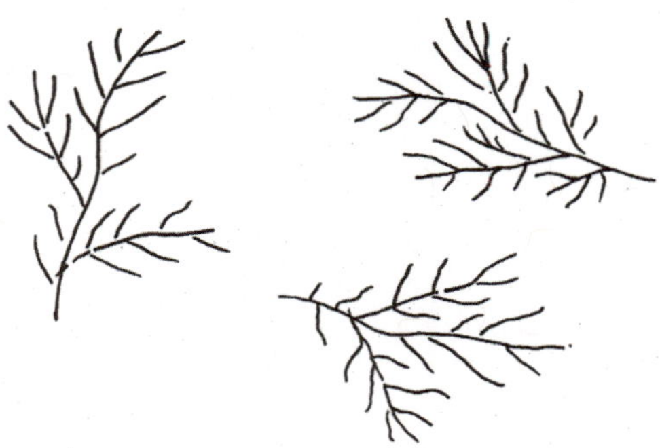

Oma Sockes

ZWIEBELKUCHEN

Für 1 Blech, ca. 10 Portionen

Für den Teig:
500 g Mehl + etwas zum Verarbeiten
1 Prise Zucker
1 TL Salz
250 ml lauwarmes Wasser
1 Würfel frische Hefe (42 g)

Für den Belag:
2 EL Olivenöl
1 EL Butter
2 kg Gemüsezwiebeln, geschält und in Scheiben
4 Knoblauchzehen, geschält und in Scheiben
6 Stängel Thymian
2 Stängel Rosmarin
Salz
Pfeffer
2 TL Honig
1 TL Muskatnuss, frisch gerieben
4 Eier
200 g Schmand oder saure Sahne
200 g kräftiger Hartkäse (z.B. Comté, Bergkäse oder Tête de Moine), fein gerieben

Pro Portion 433 kcal, 17 g F, 49 g KH, 4 g B, 17 g E

Zwiebelkuchen passt nicht nur zu Herbst und Federweißem. Wir genießen ihn das ganze Jahr, ob als Snack in illustrer Runde oder als Mitbringsel zur Gartenparty. Auch die Kleinsten lieben ihn – von den Zwiebeln sieht man am Schluss nicht mehr viel.

Für den Teig Mehl, Zucker und Salz in eine große Schüssel geben. Das lauwarme Wasser in ein hohes Gefäß füllen, die Hefe zugeben und beides ordentlich verrühren. Das Hefewasser zu dem Mehl in die Schüssel geben und alles zu einem glatten Teig verkneten. Abgedeckt an einem warmen Ort 30 Minuten gehen lassen.

Für den Belag in einem weiten Topf mit schwerem Boden Öl und Butter erhitzen, Zwiebeln, Knoblauch und Kräuterstängel darin kräftig anbraten, die Zwiebeln sollten Farbe annehmen. Mit Salz, Pfeffer, Honig und Muskat kräftig würzen. Die Eier in eine große Schüssel schlagen und mit Schmand und geriebenem Käse gründlich vermengen.

Den Backofen auf 150 °C vorheizen und ein tiefes Backblech mit Backpapier auslegen. Den Teig auf einer bemehlten Fläche so groß wie das Blech ausrollen. (Wichtig: Den Teig nur ausrollen, nicht erneut kneten. Dabei immer wieder wenden und mit etwas Mehl bestäuben.)
Den Teig auf dem Backblech so auslegen, dass die Ränder etwas vorstehen. Die heißen Zwiebeln gleichmäßig auf dem Teig verteilen und die Ei-Käse-Creme daraufgeben. Den Zwiebelkuchen im heißen Ofen 30–40 Minuten backen. Sofort heiß genießen oder schön durchgezogen am nächsten Tag servieren.

Tipp: Falls der Teig zu sehr klebt, die Hände immer wieder bemehlen, sodass er sich besser zu einer glatten Kugel verarbeiten lässt. Entstehende Krümel nicht wieder zugeben, sondern entsorgen.

GESCHNETZELTES VOM HUHN
mit Rosenkohl und Polenta

Mein Ruckzuck-Tipp: Die Polenta am Vortag zubereiten und in einer geölten flachen Form über Nacht auskühlen lassen. Mit verschiedenen Plätzchenformen können Sie Kreise, Sterne oder Rauten ausstechen, da helfen auch gerne die Kleinen. Zum Erhitzen wie im Rezept beschrieben im Ofen ausbacken.

688 kcal, 28 g F, 57 g KH, 8 g B, 43 g E

Für 4 Portionen

Für die Polenta:
2 EL Olivenöl
2 Schalotten, geschält und gewürfelt
1 Knoblauchzehe, geschält und in feinen Scheiben
4 Stängel Thymian
2 Stängel Rosmarin
Salz
Pfeffer
½ TL Muskatnuss, frisch gerieben
1 Prise Zucker
250 g Polenta (Maisgrieß)
1 l Gemüsebrühe (selbst gemacht siehe Seite 126)

Für das Geschnetzelte und den Rosenkohl:
Salz
600 g Rosenkohl, halbiert
2 EL Olivenöl
500 g Hähnchenbrustfilet, in 1 x 2 cm dünnen Streifen
2 Schalotten, geschält und klein gewürfelt
1 EL Mehl
400 ml Gemüse- oder Fleischbrühe (selbst gemacht siehe Seite 126 f.)
200 ml Sahne
Pfeffer

Außerdem:
Fett für die Form

Für die Polenta das Olivenöl in einem großen Topf mit schwerem Boden erhitzen. Schalotten und Knoblauch mit den Kräuterstängeln darin anschwitzen. Nach 4 Minuten die Gewürze zugeben und kurz mitanschwitzen. Die Polenta zugeben, mit der Brühe ablöschen und so lange weiterrühren, bis die Polenta fast ausgequollen ist. Vom Herd nehmen und mit geschlossenem Deckel ca. 3 Minuten quellen lassen.

In der Zwischenzeit eine feuerfeste Form leicht einfetten und den Backofen auf 180 °C vorheizen. Die Polenta mit einem Küchenspatel gleichmäßig in der Form verteilen und 20 Minuten auf der mittleren Schiene backen.

Reichlich Salzwasser in einem großen Topf zum Kochen bringen und den Rosenkohl darin in 10 Minuten bissfest blanchieren. In kaltem Wasser abschrecken und anschließend kurz beiseitestellen.

Für das Geschnetzelte in einer großen Pfanne das Olivenöl erhitzen, Fleisch und Schalotten darin scharf anbraten. Das Mehl darüberstreuen und unter Rühren kurz mitrösten, aber Vorsicht, wenn es anbrennt, wird es bitter. Mit Brühe und Sahne ablöschen und mit Salz und Pfeffer abschmecken. Zum Schluss den Rosenkohl zugeben, alles kurz aufkochen und weitere 10 Minuten leise köcheln lassen.

Das Geschnetzelte erneut abschmecken und mit der gebackenen Polenta servieren.

HILFE, MEIN KIND ISST KEIN GEMÜSE!

Schwierige Esser

Ein Dauerbrenner in der Kinderernährung: schwierige Esser. Denn Kinder sind wählerische kleine Gourmets. Was sie nicht kennen, kommt ihnen nicht auf den Teller – oder eher: bleibt dort liegen. Was früher gut und richtig war und vielen Kindern das Leben gerettet hat, geht den Eltern heutzutage teilweise gehörig auf die Nerven. Schließlich kann sich das Kind ja nicht monatelang nur von Nudeln mit Ketchup ernähren, oder? Antwort: Doch, kann es. Oder besser gesagt: Ganz so schlimm ist es in der Regel nicht, oft kommen doch einige Lebensmittel zusammen, die gegessen werden.

Regel Nr. 1: Ruhe bewahren

Zumeist handelt es sich nur um Phasen, die viele Kinder durchmachen. Allerdings: Gegen diese können Sie nur wenig unternehmen, denn Druck macht alles schlimmer. Besser ist es, locker zu bleiben und immer wieder vorzuleben, wie es anders geht, und dabei unverzagt andere Lebensmittel anzubieten. Machen Sie nicht zu viel Tamtam, sondern das Essen lieber zu etwas Schönem, indem Sie gemeinsam kochen, Lieblingsspeisen herausfinden, Gemüse schnitzen, anrichten und attraktiv machen oder Obst pürieren, einfrieren und als Eis am Stiel anbieten.

Regel Nr. 2: Anders fragen und genau hinsehen

Fragen Sie die Kinder nicht ständig nach Gemüse, sondern werden Sie konkret: Magst du Möhren? Roh oder gekocht? Als Stäbchen oder in Blümchenform? Und – zack! – ist es oft so, dass zu den Nudeln mit Ketchup doch noch Paprika und Tomaten, Brot und Butter, Milch und Eier, Äpfel und Himbeeren, Würstchen und, und, und gegessen werden.

Tipp:

Wenn Sie besonders beunruhigt sind, fragen Sie in der Kita oder Schule nach, wie Ihr Kind sich dort ernährt und mit Essen umgeht – oft wird hier Erstaunliches berichtet.

KARTOFFEL-BÄRLAUCH-SUPPE
mit Räucherlachs

Das frische Grün des Bärlauchs lässt den Sommer Einzug halten. Wer Lust und Ahnung hat, sollte den Bärlauch selber sammeln, aber Achtung, er wird leicht mit hochgiftigen Maiglöckchen verwechselt. Bärlauch ist am aromatischsten, wenn er noch nicht blüht, danach steckt er all seine Kraft in die Blüten.

584 kcal, 36 g F, 32 g KH, 5 g B, 27 g E

Für die Suppe Butter und Öl in einem großen Topf mit schwerem Boden erhitzen und das Gemüse darin kräftig anschwitzen. Mit Salz, Pfeffer und Zucker würzen. Nach 5 Minuten die Kartoffeln zugeben. Mit Brühe ablöschen und bei schwacher Hitze mit geschlossenem Deckel in 30 Minuten gar kochen.

Die Sahne zugeben und das Gemüse mit einem Kartoffelstampfer gründlich zerkleinern, dann mit einem Schneebesen so glatt wie möglich rühren. (Ich verwende bei Kartoffelsuppen ungern einen Pürierstab, weil die Kartoffeln damit nicht locker und cremig bleiben. Wer die Suppe lieber feiner wünscht, sollte sich die Mühe machen und sie durch ein Sieb passieren.) Erneut mit Salz und Pfeffer abschmecken.

Zum Schluss den Bärlauch untermischen. Den Räucherlachs erst in die Suppe geben, wenn sie schon in die tiefen Teller gefüllt wurde.

Für 4 Portionen

Für die Suppe:
2 EL Butter
1 EL Olivenöl
1 kleine Stange Lauch (nur das Weiße und Hellgrüne), grob klein geschnitten
2 Möhren, geschält und grob klein geschnitten
¼ Sellerieknolle, geschält und grob klein geschnitten
Salz
Pfeffer
1 Prise Zucker
800 g mehligkochende Kartoffeln, geschält und grob klein geschnitten
1 l Gemüsebrühe (selbst gemacht siehe Seite 126)
200 ml Sahne

Für die Einlage:
1 Bund Bärlauch, in hauchfeinen Streifen
400 g Räucherlachs, in kleinen Streifen

LINSENBOLOGNESE
mit Couscous

In unserem Raum werden Linsen häufig auf traditionelle Art mit ausgelassenem Speck und Kartoffeln serviert (siehe Seite 70). In mediterranen Gefilden gehören Linsen ähnlich wie bei uns zum Alltag, doch die Art und Weise der Zubereitung unterscheidet sich gänzlich von unserer. Hier eines meiner Lieblingsrezepte:

487 kcal, 8 g F, 71 g KH, 17 g B, 21 g E

Für die Bolognese die Linsen in 1 l Wasser in 20 Minuten bissfest kochen.

In der Zwischenzeit das Olivenöl in einer großen Pfanne erhitzen. Schalotten, Knoblauch, Möhren und den Sellerie darin scharf anbraten. Nach 5 Minuten mit Salz, Pfeffer, Zucker und Balsamicoessig glasieren. Thymian- und Rosmarinstängel, Lorbeerblatt und die Tomaten zugeben. Alles bei schwacher Hitze köcheln lassen.

Den Couscous in eine Schale füllen und mit der heißen Brühe und dem Olivenöl begießen. Mit geschlossenem Deckel 10 Minuten ziehen lassen.

Die gegarten Linsen zu dem Gemüse in die Pfanne geben, gründlich untermengen und mit Zitronenabrieb und Basilikum abschmecken. Die Linsenbolognese mit dem Couscous servieren.

Für 4 Portionen

Für die Bolognese:
200 g Linsen
2 EL Olivenöl
2 Schalotten, geschält und fein gewürfelt
1 Knoblauchzehe, geschält und in feinen Scheiben
2 Möhren, geschält, längs geviertelt und klein gewürfelt
¼ Sellerieknolle, geschält und klein gewürfelt
Salz
Pfeffer
1 Prise Zucker
1 EL Aceto balsamico bianco
2 Stängel Thymian
2 Stängel Rosmarin
1 Lorbeerblatt, frisch oder getrocknet
500 g Strauchtomaten, fein gewürfelt
1 TL Zitronenabrieb
1 Bund Basilikum, grob gehackt

Für den Couscous:
250 g Couscous
500 ml Gemüsebrühe (selbst gemacht siehe Seite 126)
1 TL Olivenöl

KÄSE-LAUCH-EINTOPF

Für 4 Portionen

2 EL Olivenöl
400 g mageres Hackfleisch vom Rind
50 g magere Schinkenwürfel
3 Stangen Lauch (nur das Weiße und Hellgrüne), in feinen Ringen
2 Schalotten, geschält und fein gewürfelt
Salz
Pfeffer
1 TL Paprikapulver edelsüß
6 Stängel Thymian
600 g festkochende Kartoffeln, geschält und in mundgerechten Stücken
1 l Gemüse- oder Fleischbrühe (selbst gemacht siehe Seite 126 f.)
200 g Schmelzkäse
100 g würziger Hartkäse (z.B. Bergkäse, Cheddar, Heumilchkäse), gerieben
1 Handvoll Petersilie, grob gehackt

661 kcal, 41 g F, 24 g KH, 4 g B, 42 g E

Dieser Eintopf wärmt im Winter von innen. Er lässt sich prima vorbereiten und schmeckt am nächsten Tag durchgezogen fast doppelt so gut. Wenn Sie die Kartoffeln weglassen, eignet er sich auch als kräftige Soße zu Pasta oder Reis.

Das Olivenöl in einem großen Topf mit schwerem Boden erhitzen. Hackfleisch und Schinkenwürfel darin scharf anbraten. Lauch, Schalotten, Gewürze und Thymianstängel zugeben. Gut umrühren und kurz mitbraten, dann die Kartoffeln zugeben, mit der Brühe ablöschen und kurz aufkochen lassen. Schmelzkäse und geriebenen Käse zugeben und gründlich unterrühren.

Den Eintopf leise köchelnd ohne Deckel in 25–30 Minuten gar kochen lassen. Kurz vor dem Servieren erneut abschmecken und die Petersilie zugeben.

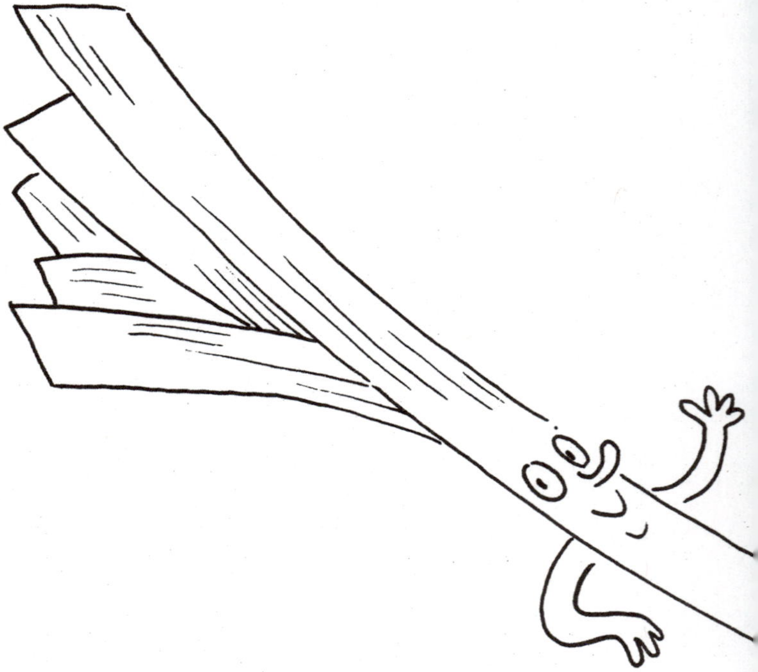

GEBRATENER BLUMENKOHL
mit Kartoffeln und Eiern

Ein herrlich leichtes Sommergericht: vegetarisch, schnell gekocht, mit vielen frischen Gartenkräutern und auch für die Kleinen gut geeignet.

Mit 1 Ei 485 kcal, 29 g F, 32 g KH, 6 g B, 19 g E
Mit 2 Eiern 567 kcal, 34 g F, 32 g KH, 6 g B, 27 g E

Für 4 Portionen

Für den Blumenkohl:
Salz
800 g festkochende Kartoffeln, geschält
2 EL Olivenöl
1 kleiner Kopf Blumenkohl, in mundgerechten Stücken
Pfeffer
1 Prise Zucker
1 Prise Muskatnuss, frisch gerieben
6 Eier

Für den Kräuterrahm:
200 g Frischkäse
100 g griechischer Joghurt (10 % Fett)
2 Handvoll Gartenkräuter (z.B. Petersilie, Kerbel, Pimpinelle, Borretsch, Dill, Schnittlauch)
etwas Zitronensaft
Salz
Pfeffer
etwas Milch oder Sahne nach Belieben

Für das Blumenkohlgemüse die Kartoffeln in einem großen Topf mit reichlich Salzwasser zum Kochen bringen und in 20–25 Minuten gar kochen. Das Olivenöl in einer großen Pfanne erhitzen und den Blumenkohl tropfnass in die Pfanne geben. Achtung: Spritzgefahr! Den Blumenkohl in 20 Minuten bei schwacher Hitze gar braten, dabei immer wieder umrühren und mit Salz, Pfeffer, Zucker und Muskat abschmecken.

Für den Kräuterrahm alle Zutaten in ein hohes Gefäß geben und mit einem Stabmixer zu einer glatten Soße pürieren. Wer die Soße etwas dünnflüssiger mag, gibt noch etwas Wasser, Milch oder Sahne dazu.

Wasser in einem kleinen Topf zum Kochen bringen, die Eier mit einem Löffel vorsichtig hineingleiten lassen und in 7 Minuten wachsweich kochen. Abschrecken und pellen.

Die Kartoffeln abgießen und mit dem Blumenkohl auf vier Tellern verteilen. Für die Kleinen je 1 Ei dazulegen, für die Großen 2 Eier. Mit dem Kräuterrahm servieren.

WÜRZIGER SAUERKRAUTTOPF
mit Rind und Kartoffeln

Diesem Eintopf hat das Szegediner Gulasch Pate gestanden. Er vertreibt die Winterkälte aus den Knochen und ist mit seiner fruchtigen Note von Sauerkraut und Tomaten Soulfood pur!

462 kcal, 16 g F, 28 g KH, 5 g B, 46 g E

Für 4 Portionen

- 2 EL Olivenöl + ggf. etwas mehr
- 2 Schalotten, geschält und grob gewürfelt
- 1 Knoblauchzehe, geschält und in feinen Scheiben
- 800 g mageres Gulasch vom Rind
- 1 TL Paprikapulver edelsüß
- 1 Lorbeerblatt, frisch oder getrocknet
- 10 Stängel Thymian
- 1 rote Paprika, klein gewürfelt
- 1 kleiner Apfel (z.B. Braeburn oder Boskop), geschält und klein gewürfelt
- 250 g mildes Sauerkraut, gut abgespült
- 600 g Kartoffeln, geschält und in mundgerechten Stücken
- 1 Dose gehackte Tomaten (400 g)
- 1 l Fleischbrühe (selbst gemacht siehe Seite 127) + ggf. etwas mehr
- Salz
- Pfeffer

Das Olivenöl in einem großen Topf mit schwerem Boden, beispielsweise einem Bräter, erhitzen und darin bei großer Hitze Schalotten, Knoblauch und Fleisch anbraten. Braten Sie immer nur so viel Fleisch an, dass noch etwas vom Topfboden zu sehen ist. Denn durch das Anbraten von allen Seiten schließen sich die Poren des Fleischs gleichmäßig und es bleibt schön weich, saftig und zergeht fast auf der Zunge. Falls der Topf nicht groß genug ist, das Fleisch in mehreren Schritten anbraten. Evtl. wird dann etwas mehr Öl benötigt.

Das Fleisch mit einem großen Löffel herausnehmen und in einer Schüssel sammeln. Beim letzten Fleischanbraten Paprikapulver, Lorbeerblatt und Thymianstängel zugeben. Paprika- und Apfelwürfel zugeben und 2 Minuten mitanschwitzen. Dann das vorher gebratene Gulasch mit dem entstandenen Saft zurück in den Topf geben. Sauerkraut, Kartoffeln und gehackte Tomaten zugeben, die Fleischbrühe angießen und alles ordentlich vermengen. Bei schwacher Hitze mit geschlossenem Deckel 40 Minuten köcheln lassen. Falls doch zu viel Flüssigkeit verkocht, ggf. noch etwas Brühe nachgießen. Mit Salz und Pfeffer abschmecken.

Tipp: Die Menge ist großzügig bemessen und reicht auch noch für den nächsten Tag.

RICOTTA-SPINAT-SEMMELKNÖDEL
mit Tomatensoße

Wieso denn immer nur Nudeln mit Tomatensoße? Ihre Kinder werden diese Ricotta-Spinat-Knödel mindestens genauso lieben!

695 kcal, 25 g F, 82 g KH, 7 g B, 28 g E

Für 4 Portionen

Für die Tomatensoße:
2 EL Olivenöl
2 Schalotten, geschält und fein gewürfelt
1 Knoblauchzehe, geschält und fein gewürfelt
1 Möhre, längs geviertelt und fein gewürfelt
2 Stängel Thymian
½ TL Fenchelsamen
Salz
Pfeffer
1 Prise Zucker
800 g selbst gemachtes Tomatensugo (siehe Seite 45)

Für die Füllung:
Salz
125 g Babyspinat
100 g Ricotta
1 Prise Zucker
Pfeffer

Für die Semmelknödel:
500 g Weißbrot, in 1 cm großen Würfeln
2 Schalotten, geschält und sehr fein gewürfelt
250 ml heiße Milch
2 Eier
Salz
Pfeffer
1 Prise Muskatnuss, frisch gerieben
50 g Speisestärke

Außerdem:
ca. 100 g Parmesan, gerieben, zum Bestreuen

Für die Tomatensoße das Olivenöl in einer Pfanne erhitzen und Schalotten, Knoblauch, Möhre, Thymianstängel und Fenchelsamen darin kräftig anrösten. Mit Salz, Pfeffer und Zucker würzen. Dann mit dem Sugo ablöschen und 20 Minuten bei schwacher Hitze mit geschlossenem Deckel köcheln lassen.

Für die Füllung Salzwasser in einem großen Topf mit Deckel zum Kochen bringen. Den Babyspinat in einem Sieb 1 Minute in das kochende Wasser halten und blanchieren. Den heißen Spinat in eine Schüssel geben und gründlich mit dem Ricotta vermengen. Mit Zucker, Salz und Pfeffer abschmecken und beiseitestellen.

Für die Semmelknödel das Weißbrot und die Schalotten in eine große Schüssel geben. Mit der Milch begießen und 2 Minuten ziehen und abkühlen lassen. Die Eier zugeben und mit Salz, Pfeffer und Muskat würzen. Die Masse gründlich durchkneten. Zum Schluss die Speisestärke etwas vorsichtiger unterkneten.

Mit einem Esslöffel etwas Masse abnehmen und zwischen den Händen zu einer glatten Kugel formen, mit dem Daumen eine Mulde in die Mitte drücken und in diese Mulde einen Teelöffel der Spinatmasse füllen. Das Loch wieder verschließen. Die Knödel, sobald sie fertig geformt sind, in das siedende Kochwasser geben. (Achtung, das Wasser darf nicht kochen, da die Knödel sonst zerfallen würden. Nicht zu viele Knödel auf einmal ins Wasser geben, da das Kochwasser sonst zu sehr herunterkühlt und die Knödel dadurch verwässern.) Die Knödel müssen so lange im heißen Wasser ziehen, bis sie oben schwimmen.

Die Tomatensoße erneut abschmecken und in vier tiefe Teller füllen, die Knödel in die Mitte setzen und mit Parmesan bestreut servieren.

Tipp: Die Tomatensoße sollten Sie immer im Tiefkühlfach haben, sie ist wunderbar vielseitig einsetzbar.

GEMEINSAM SCHMECKT'S AM BESTEN

Kinder brauchen Rituale

Nicht nur was wir essen ist entscheidend für die Gesundheit, sondern auch die Art, wie wir es essen und die Mahlzeiten gestalten. Für Kinder sind Rituale besonders wichtig. Regelmäßige gemeinsame Mahlzeiten, eine angenehme und ruhige Atmosphäre am Tisch sowie die Entscheidungsfreiheit über die Menge, die sie essen, und das, was sie essen, spielen eine große Rolle für ihre spätere Gesundheit. Kinder, die am Tisch Machtkämpfen, Hektik oder großem Druck ausgesetzt sind, sind anfälliger für Übergewicht und für Essstörungen wie Magersucht.

Was, wann und wie viel

Die goldene Regel ist: Die Eltern entscheiden, was auf den Tisch kommt und wann (zum Beispiel erst das Hauptgericht, dann der Nachtisch; oder jedes Kind darf einmal in der Woche ein Lieblingsgericht wählen, die anderen Gerichte der Woche bestimmen die Eltern). Die Kinder entscheiden, was sie davon probieren und wie viel. Gut gemeinte Kommentare wie „Oh, du hast aber schön aufgegessen!" sollten Sie möglichst vermeiden. Denn die Kinder sollen essen, wenn sie Hunger haben und bis sie satt sind, und nicht, um Mama, Papa oder Oma einen Gefallen zu tun oder – schlimmer noch – um keinen Ärger zu bekommen.

Kleine Küchengehilfen

Lassen Sie die Kinder ruhig bei den Vorbereitungen in der Küche und beim Kochen mithelfen. Je früher, desto besser. Auch die Kleinsten können schon einfache Aufgaben übernehmen und essen gleich doppelt so begeistert mit, wenn sie bei der Zubereitung der Mahlzeiten helfen konnten. Und viele unserer Rezepte sind so konzipiert und so einfach, dass größere Kinder sie alleine hinbekommen (zum Beispiel die Flammkuchen auf Seite 63ff., das Couscous-Porridge auf Seite 54 oder die Bananenpancakes auf Seite 35).

Vielfalt auf dem Teller

Kinder essen instinktiv das, was sie kennen. Süß ist besonders beliebt, bitter weniger. Neue Lebensmittel müssen häufig probiert werden, ehe sie schmecken. Also: Bieten Sie Ihren Kindern immer wieder neue Produkte an, lassen Sie sie probieren und zwingen Sie sie zu nichts.

FISCHTOPF MIT ERBSEN,
Möhren und Lauch in Rahm

Ein bunter Fischeintopf, mild im Geschmack. Dazu passen geröstetes Weißbrot oder Baguette sehr gut. Wer statt Kartoffeln Reis verwendet, erhält ein tolles Fischragout.

428 kcal, 22 g F, 19 g KH, 5 g B, 33 g E

Für 4 Portionen

2 EL Olivenöl
1 Schalotte, geschält und fein gewürfelt
1 kleine Stange Lauch (nur das Weiße und Hellgrüne), in kleinen Ringen
1 Knoblauchzehe, geschält und in feinen Scheiben
200 g festkochende Kartoffeln, geschält und in mundgerechten Stücken
200 g Möhren, geschält und in feinen Scheiben
150 g TK-Erbsen
Salz
Pfeffer
1 Lorbeerblatt, frisch oder getrocknet
6 Fenchelsamen
1 Prise Zucker
1 l Gemüsebrühe (selbst gemacht siehe Seite 126)
200 ml Sahne
400 g helles Fischfilet (z.B. Kabeljau, Skrei, Zander, Rotbarbe), in 2 cm großen Würfeln
8 Grünschalmuscheln
6 küchenfertige Scampi
1 TL Abrieb und etwas Saft von ½ Bio-Zitrone
1 Bund Dill, gehackt

Das Olivenöl in einem großen Topf mit schwerem Boden erhitzen. Das Gemüse, bis auf die Erbsen, bei großer Hitze scharf anbraten. Mit Salz, Pfeffer, Lorbeerblatt, Fenchelsamen und Zucker würzen und mit Brühe und Sahne ablöschen. Alles einmal aufkochen, dann bei schwacher Hitze 10 Minuten köcheln lassen.

Die aufgetauten Erbsen, Fisch, Muscheln und Scampi zugeben. Alles einmal aufkochen und dann erneut bei schwacher Hitze in 10 Minuten gar ziehen lassen. Mit Salz und Pfeffer abschmecken und zum Schluss Zitronenabrieb und -saft sowie den Dill zugeben und sofort servieren.

TOMATENRISOTTO MIT ROTBARBEN *und Jakobsmuscheln*

Für 4 Portionen

Für das Risotto:
2 EL Olivenöl
2 EL Butter
2 Schalotten, geschält und fein gewürfelt
1 Knoblauchzehe, geschält und in feinen Scheiben
2 kleine Zucchini, in 1 cm großen Würfeln
Salz, Pfeffer
1 Prise Zucker
1 EL Zitronensaft
120 g Risottoreis
200 g Dattelcherry-tomaten, geviertelt
500 ml Gemüsebrühe (selbst gemacht siehe Seite 126)
50 g Rucola
½ Bund Basilikum, grob gehackt

Für die Rotbarben und Jakobsmuscheln:
2 EL Olivenöl
1 EL Butter
2 EL Mehl
8 küchenfertige Rotbarbenfilets, trocken getupft und auf der Hautseite zwei- oder dreimal leicht eingeritzt
4 Jakobsmuscheln
4 Stängel Zitronenthymian
Salz, Pfeffer

433 kcal, 21 g F, 32 g KH, 3 g B, 24 g E

Eigentlich gehört in jedes Risotto zum Schluss eine gute Handvoll fein geriebener Parmesan. So wird das eigene Risotto genauso schön cremig, wie man es von seinem Lieblingsitaliener kennt. Da Käse und Fisch aber nicht zusammenpassen, verwende ich in diesem Rezept den Saft und das Fruchtfleisch von reifen Tomaten.

Für das Risotto Olivenöl und Butter in einem Topf mit schwerem Boden erhitzen. Schalotten, Knoblauch und Zucchini darin anschwitzen. Mit Salz, Pfeffer, Zucker und Zitronensaft würzen. Den Risottoreis zugeben und unter Rühren mitanschwitzen. Nach 2 Minuten die Tomaten zugeben und einmal kurz aufkochen lassen, dann sofort die heiße Brühe angießen und das Risotto bei schwacher Hitze in 20 Minuten gar ziehen lassen.

In der Zwischenzeit für die Rotbarben und Jakobsmuscheln in einer großen Pfanne Olivenöl und Butter erhitzen. Das Mehl in einen Teller geben und die Rotbarbenfilets auf der Hautseite leicht mehlieren. Die Filets auf der mehlierten Hautseite und die Jakobsmuscheln mit den Zitronenthymianstängeln in die heiße Pfanne legen und 3 Minuten scharf anbraten. Dann die Hitze reduzieren, die Filets und die Muscheln mit Salz und Pfeffer würzen und wenden. In 3 Minuten zu Ende gar ziehen lassen.

Rucola und Basilikum unter das Tomatenrisotto mischen und das Risotto auf vier Tellern anrichten. Die Fischfilets darauflegen und den Bratensud darüberträufeln.

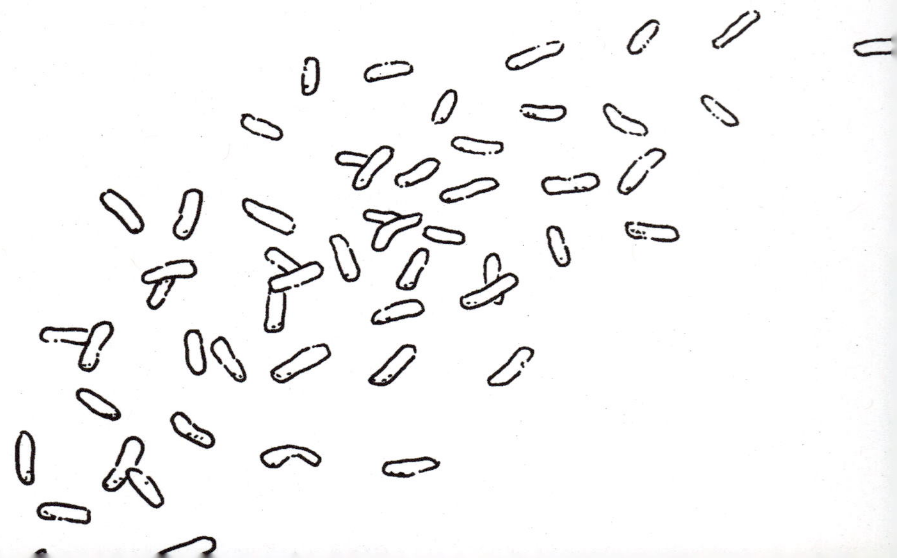

Eat

ROTE-BETE-BULGUR-SALAT

mit Petersilie und Minze

In diesem Rezept verpasse ich der Roten Bete im Zusammenspiel mit dem Bulgur ein komplett neues Gewand, süß-fruchtig und erdig-herb. Lassen Sie sich überraschen!

378 kcal, 11 g F, 55 g KH, 10 g B, 8 g E

Die Rote Bete in einen großen Topf geben, mit dem Lorbeerblatt in reichlich Salzwasser zum Kochen bringen und 30 Minuten garen. Wenn man mit einem kleinen scharfen Messer in die Beten sticht und sie leicht abrutschen, sind sie gar. Unter kaltem Wasser abschrecken und mit einem Gemüsemesser schälen. Schürze und Gummihandschuhe nicht vergessen, denn Rote Bete färbt stark.

Den Bulgur mit Brühe und Olivenöl in einen Topf geben und aufkochen lassen. Bei schwacher Hitze mit geschlossenem Deckel in 15–20 Minuten gar ziehen lassen.

Für das Dressing den Granatapfel halbieren, 1 EL Kerne herauslösen und beiseitestellen. Die Hälften auspressen, den Saft mit dem Honig in einen kleinen Topf geben und bei schwacher Hitze in 15–20 Minuten sirupartig einkochen.

In der Zwischenzeit Zwiebeln, Knoblauch, Radieschen, Petersilie, Minze, Zitronenabrieb und -saft und Olivenöl in eine große Schüssel geben und gründlich vermengen. Mit Salz und Pfeffer abschmecken.

Die Rote Bete schälen, in 2 cm große Würfel schneiden, mit dem Dressing in die große Schüssel geben und gründlich vermengen.
Zum Schluss vorsichtig den Bulgur unterheben und den Salat mit den Granatapfelkernen bestreut servieren.

Für 4 Portionen

Für den Salat:
6 kleine Knollen frische Rote Bete
1 Lorbeerblatt, frisch oder getrocknet
Salz
200 g grobkörniger Bulgur
600 ml Gemüsebrühe (selbst gemacht siehe Seite 126)
1 EL Olivenöl
2 rote Zwiebeln, geschält und in feinen Streifen
1 Knoblauchzehe, geschält und fein gehackt
1 Bund Radieschen, in feinen Scheiben
1 Bund Petersilie, grob gehackt
½ Bund Minze, grob gehackt
1 TL Abrieb und Saft von ½ Bio-Zitrone
3 EL Olivenöl
Pfeffer

Für das Dressing:
1 Granatapfel
1 EL Honig

Brühe bildet die wichtigste Grundlage für Suppen und Soßen. Für eine Fleischbrühe werden Knochen blanchiert und lange in Wasser ausgekocht, mitgekochtes Gemüse und Kräuter geben zusätzlich Geschmack. Brühe ist voller natürlicher Aromen und enthält wichtige Mineralstoffe – ein wahres Kraftpaket! Unsere Großeltern wussten das: Wer krank war, bekam Brühe serviert. Selbst gemachte Brühe ist nicht zu vergleichen mit der gekauften „Pulverbrühe". Also: Ran an den Topf!

GEMÜSEBRÜHE

Für 2 Liter

3 Möhren
2 Stangen Lauch
½ Sellerieknolle
2 Petersilienwurzeln
1 Fenchelknolle
2 Tomaten
1 Zwiebel
1 Lorbeerblatt, frisch oder getrocknet
2 Wacholderbeeren
½ Bund Petersilie
Salz

Pro 100 ml 3 kcal, 0 g F, 1 g KH, 0 g B, 0 g E

Das Gemüse waschen und grob klein schneiden, die Zwiebel mit Schale grob würfeln. Mit den Gewürzen und der Petersilie in einen großen Topf geben und mit ca. 2 l Wasser auffüllen. 1 Stunde leise köcheln lassen, dann durch ein Sieb laufen lassen und durch ein Geschirrtuch passieren (siehe Foto oben).

Tipp: Brühen lassen sich portionsweise einfrieren. So lohnt sich die etwas aufwendigere Zubereitung auf jeden Fall!

HÜHNER- oder Fleischbrühe

Pro 100 ml 14 kcal, 1 g F, 0 g KH, 0 g B, 1 g E

Das Gemüse waschen und grob klein schneiden, die Zwiebel mit Schale grob würfeln.

Für eine Hühnerbrühe Suppenhuhn, Gemüse und Gewürze in einen großen Topf geben und mit ca. 2 l Wasser auffüllen. 1½ Stunden leise köcheln lassen, dann durch ein Sieb laufen lassen und durch ein Geschirrtuch passieren.

Für eine Fleischbrühe Suppenfleisch und Markknochen in einen großen Topf geben und bei schwacher Hitze 1 Stunde leise köcheln lassen. Den Schaum dabei immer wieder abschöpfen. Das Gemüse und die Kräuter zugeben und die Brühe leise in 1 Stunde zu Ende köcheln lassen. Anschließend durch ein Sieb laufen lassen und durch ein Geschirrtuch passieren.

Für je 2 Liter

Als Basis:
3 Möhren
2 Stangen Lauch
½ Sellerieknolle
2 Petersilienwurzeln
1 Fenchelknolle
2 Tomaten
1 Zwiebel
1 Lorbeerblatt, frisch oder getrocknet
2 Wacholderbeeren
Salz

Für Hühnerbrühe:
1 Suppenhuhn, geviertelt

Für Fleischbrühe:
500 g Suppenfleisch
600 g Markknochen

FISCHBRÜHE

Pro 100 ml 13 kcal, 1 g F, 0 g KH, 0 g B, 0 g E

Die Butter in einem großen Topf mit schwerem Boden erhitzen und darin die Fischgräten, Zwiebel, Lauch und Dill anschwitzen. Nach 5 Minuten Pfefferkörner, Weißwein, Gemüsebrühe und Zitrone zugeben. 30 Minuten leise köcheln, dann durch ein Sieb laufen lassen und durch ein Geschirrtuch passieren.

Für 2 Liter

2 EL Butter
1,5 kg Gräten von Weißfischen (z.B. Zander, Seezunge), grob zerkleinert
1 Zwiebel, mit Schale grob gewürfelt
1 Stange Lauch (nur das Weiße), grob zerkleinert
4 Stängel Dill
6 Pfefferkörner
200 ml Weißwein
500 ml Gemüsebrühe
1 Bio-Zitrone, geviertelt

STECKRÜBENEINTOPF
mit grober Mettwurst

Die Mengenangaben habe ich hier reichlich bemessen, denn dies ist ein Gericht, das besonders gut an kalten Wintertagen schmeckt, wenn die ganze Familie zusammenkommt. Falls die Runde doch kleiner bleibt, löffeln Sie den Eintopf einfach an zwei aufeinanderfolgenden Tagen.

907 kcal, 67 g F, 30 g KH, 8 g B, 36 g E

Für 4 Portionen

- 2 EL Olivenöl
- 100 g magerer Schinkenspeck
- 8 grobe Mettwürste à ca. 100 g (alternativ grobe Bratwürste)
- 4 Schalotten, geschält und grob gewürfelt
- 1 Knoblauchzehe, geschält und in feinen Scheiben
- 1 Petersilienwurzel, geschält und sehr fein gewürfelt
- 2 Möhren, geschält und fein gewürfelt
- Salz
- Pfeffer
- 1 Prise Zucker
- 2 Lorbeerblätter, frisch oder getrocknet
- 1 TL Currypulver
- 1 kleine Steckrübe (ca. 800 g), geschält und grob gewürfelt
- 500 g mehligkochende Kartoffeln, geschält und grob gewürfelt
- 1,3 l Gemüse- oder Fleischbrühe (selbst gemacht siehe Seite 126 f.)
- 1 Bund glatte Petersilie, fein gehackt

Für den Eintopf das Olivenöl in einem großen Topf mit schwerem Boden, beispielsweise einem Bräter, erhitzen. Schinkenspeck und Mettwürste darin anbraten. Die Mettwürste aus dem Topf nehmen und kurz beiseitestellen. Schalotten, Knoblauch, Petersilienwurzel, Möhren, Salz, Pfeffer, Zucker, Lorbeerblätter und Currypulver zugeben und alles 5 Minuten kräftig anbraten. Dabei immer wieder umrühren.

Steckrübe und Kartoffeln zugeben, die Fleischbrühe angießen und alles einmal aufkochen lassen. Die Mettwürste zugeben und alles bei schwacher Hitze mit geschlossenem Deckel in 30 Minuten gar kochen. Sobald das Gemüse weich gekocht ist, die Würste erneut herausnehmen und den Eintopf mit einem Kartoffelstampfer zerstampfen. Mit Petersilie und ggf. Salz und Pfeffer abschmecken. Den Eintopf und die Mettwürste auf vier Teller verteilen und servieren.

FIX MITGENOMMEN

Ob für die große Pause in der Schule, als Snack auf langer Reise oder zum Picknick am See: Manchmal muss das Essen einfach mit. Umso besser, wenn man zum Schnabulieren nicht einmal Besteck benötigt, so wie bei meinen Gewürznüssen, Rühreimuffins oder herzhaften Hefeschnecken. Aber aufgepasst: Hier essen auch alle Freunde der Kinder mit Genuss mit!

Frisch gebackene HEFESCHNECKEN

Nicht nur im Winter, sondern auch im Sommer ein toller Hingucker und flink zubereitet. Die Schnecken enthalten wenig Zucker und schmecken herrlich, wenn sie frisch aus dem Ofen kommen und noch warm sind. Da helfen die Kinder vorher garantiert gerne mit!

z. B. Nuss 360 kcal, 15 g F, 44 g KH, 3 g B, 9 g E

Den Backofen auf 180 °C vorheizen. Für den Teig das Mehl in eine große Schüssel sieben, Butter, Eigelb, Zucker und Salz zugeben. Die Milch in ein hohes Gefäß füllen und die Hefe hineinbröseln. Mit einer Gabel so lange rühren, bis sich die Hefe vollständig aufgelöst hat. Die Hefemilch zu der Mehlmischung in die Schüssel geben und alles zu einem glatten Teig verkneten.

Den Teig leicht mehlieren und auf einer bemehlten Arbeitsfläche mit einer Teigrolle zu einem großen Viereck ausrollen. Er sollte zum Schluss nicht dicker als ½ cm sein. Dann eine der folgenden Varianten auswählen:

Für die Nussschnecken Haselnüsse und Mandeln in eine Pfanne geben und rösten, bis sie duften. Die Hitze reduzieren und Honig, Butter und Apfelsaft zugeben, alles gründlich miteinander vermengen. Für die Aprikosen-Mohn-Schnecken Mohn und Apfelsaft in einen Topf geben und einmal aufkochen. Die Marmelade zugeben und unterrühren. Für die Zitronen-Quark-Schnecken Quark, Eigelbe, Vanillemark, Zucker und Zitronenabrieb gründlich verrühren. Für die Cranberry-Johannisbeer-Schnecken die Cranberrys unter das Gelee mischen.

Die ausgewählte Mischung noch heiß mit einem Kuchenspatel gleichmäßig auf dem Hefeteig verteilen. Den Teig fest aufrollen und mit einem Messer in ca. 2 cm breite Scheiben schneiden. Die Rollen mit der offenen Seite nach unten und oben zeigend dicht an dicht auf einem Backblech platzieren und im heißen Ofen in 12–15 Minuten knusprig braun backen.

Die Cranberry-Johannisbeer-Schnecken werden mit einer Glasur veredelt: Hierfür nach und nach Zitronensaft zum Puderzucker geben und glatt rühren. Die noch heißen Schnecken bestreichen und auskühlen lassen, bis der Puderzucker nicht mehr klebt. Die anderen Hefeschnecken etwas auskühlen lassen und erst voneinander trennen, wenn sie lauwarm sind. Sofort genießen oder mitnehmen.

Für je 12 Stück

Für den Grundteig:
500 g Weizenmehl
+ etwas zum Verarbeiten
2 EL weiche Butter
1 Eigelb
2 EL brauner Zucker
1 Prise Salz
220 ml lauwarme Milch
1 Würfel frische Hefe (42 g)

Für Nussschnecken:
100 g gemahlene Haselnusskerne
100 g gehackte Mandeln
6 EL flüssiger Honig
2 EL Butter
4–6 EL Apfelsaft

Für Aprikosen-Mohn-Schnecken:
100 g gemahlener Mohn
100 ml Apfelsaft
100 g Aprikosenmarmelade

Für Zitronen-Quark-Schnecken:
250 g Sahnequark
2 Eigelb
Mark von ½ Vanilleschote
2 EL Zucker
1 TL Zitronenabrieb

Für Cranberry-Johannisbeer-Schnecken:
100 g Cranberrys, gehackt
200 g Johannisbeergelee
Saft von ½ Zitrone
200 g Puderzucker, gesiebt

Knusper-
COUSCOUS-GEFLÜGEL-BÄLLCHEN

Bestens für ein Picknick im Park geeignet, aber auch für die Schulbox oder für das Mittagessen zu Hause – dann um eine sättigende Beilage ergänzt. Der einzige Nachteil: Sie sind schneller weg, als man Couscous-Geflügel-Bällchen überhaupt sagen kann!

Pro Stück (bei 15) 90 kcal, 3 g F, 8 g KH, 1 g B, 6 g E

Für 12–15 Stück

- 150 g Couscous
- 300 ml Gemüsebrühe (selbst gemacht siehe Seite 126)
- 2 EL Olivenöl
- 4 Schalotten, geschält und fein gehackt
- 1 Knoblauchzehe, geschält und fein gehackt
- 2 TL milder Ajvar
- 1 TL gemahlener Kreuzkümmel
- Salz
- Pfeffer
- 1 Prise Zucker
- 1 TL Paprikapulver edelsüß
- ½ Handvoll Petersilie, fein gehackt
- 2 Eier
- 300 g Geflügelhackfleisch

Den Couscous in eine große Schüssel füllen, mit der heißen Gemüsebrühe auffüllen und mit geschlossenem Deckel 5 Minuten quellen lassen. Kurz beiseitestellen.

Das Olivenöl in einer Pfanne erhitzen und Schalotten, Knoblauch, Ajvar, Kreuzkümmel, Salz, Pfeffer, Zucker und Paprikapulver darin 2–3 Minuten anrösten. Zu dem Couscous geben und gut untermengen. Petersilie, Eier und Hackfleisch zugeben und alles sehr gründlich zu einer glatten Masse verkneten.

Den Backofen auf 160 °C Umluft vorheizen und ein Backblech mit Backpapier auslegen. Die Geflügelmasse mit angefeuchteten Händen zu tischtennisballgroßen Bällchen formen, auf das Blech legen und im heißen Ofen in 13–15 Minuten knusprig backen. Heiß genießen oder als Snack für zwischendurch einpacken.

Tipp: Dazu passt Kräuter- oder Zitronenschmand (siehe Seite 69 und 88).

GEWÜRZNÜSSE

Herrlich aromatisch und zart duftend – diese Nussmischung schmeckt definitiv besser als die gebrannten Mandeln von der Kirmes. Easy zubereitet und in weniger als 10 Minuten im Ofen geröstet, dauert das Auskühlen hier eigentlich am längsten.

Für 500 Gramm

200 g Mandeln mit Haut
100 g Cashewkerne
100 g Macadamianusskerne
100 g ungesalzene Erdnusskerne
2 EL flüssiger Honig
1 EL neutrales Öl
1 TL Currypulver
2 TL Paprikapulver edelsüß
1 TL Salz

Pro Portion (30 g) 197 kcal, 16 g F, 4 g KH, 3 g B, 6 g E

Den Backofen auf 200 °C Umluft vorheizen und ein Backblech mit Backpapier auslegen. Mandeln, Cashews, Macadamias und Erdnüsse in eine große Schüssel geben. Honig und Öl zu den Nüssen geben und alles sorgfältig vermengen. Dann Currypulver, Paprikapulver und Salz zugeben und gründlich untermengen.

Die Gewürznüsse auf dem Blech verteilen und 4 Minuten im heißen Ofen rösten. Wenden und weitere 4 Minuten rösten. Gut ausgekühlt genießen.

Gewürzte Nüsse

RÜHREIMUFFINS

Am besten werden die Muffins, wenn Sie sie in einer Muffinform aus Silikon oder einem Muffinblech backen. Die Stabilität ist notwendig, damit die Muffins perfekt gelingen und nicht alles verläuft.

z. B. Käse-Spinat 85 kcal, 6 g F, 0 g KH, 0 g B, 6 g E

Den Backofen auf 150 °C Umluft vorheizen und die Form einfetten.

Für die Käse-Spinat-Muffins die Eier mit Salz, Pfeffer und Muskat würzen und verschlagen. Spinat und Käse gleichmäßig auf die Mulden der Muffinform verteilen. Die verschlagenen Eier vorsichtig darübergeben. Jeweils mit einer Gabel leicht rühren, dann im heißen Ofen 15 Minuten backen.

Für die Schinken-Pilz-Muffins die Eier mit Salz, Pfeffer und Muskat würzen und verschlagen. Kochschinken, Champignons und Schalotte gleichmäßig auf die Mulden der Muffinform verteilen. Die verschlagenen Eier darübergeben. Jeweils mit einer Gabel leicht rühren und im heißen Ofen 15 Minuten backen.

Für die Thunfisch-Tomaten-Muffins die Eier mit Salz und Pfeffer würzen und verschlagen. Thunfisch, Tomaten und Kapern gleichmäßig auf die Mulden der Muffinform verteilen. Die verschlagenen Eier behutsam darübergeben. Jeweils mit einer Gabel leicht rühren und im heißen Ofen 15 Minuten backen. Die Muffins einpacken, mitnehmen und noch warm oder abgekühlt genießen.

Für je 12 Stück

Für Käse-Spinat-Muffins:
6 Eier (Größe L)
Salz, Pfeffer
1 Prise Muskatnuss, frisch gerieben
100 g TK-Blattspinat, aufgetaut und ausgedrückt
100 g Bergkäse, fein gewürfelt

Für Schinken-Pilz-Muffins:
6 Eier (Größe L)
Salz, Pfeffer
1 Prise Muskatnuss, frisch gerieben
100 g Kochschinken, fein gewürfelt
12 Champignons, in feinen Scheiben
1 Schalotte, geschält und fein gewürfelt

Für Thunfisch-Tomaten-Muffins:
6 Eier (Größe L)
Salz, Pfeffer
1 Dose Thunfisch im eigenen Saft, abgetropft
6 halbgetrocknete Tomaten, fein gewürfelt
2 EL Kapern, ggf. gewässert

Außerdem:
Butter für die Form

FALAFEL

mit Joghurt-Minz-Dip

Gute Falafel selbst zu machen ist mitunter eine richtige Herausforderung. Oft schaute ich während des Frittierens in den Topf und musste mit ansehen, wie sich die Falafel in ihre Bestandteile auflösen. Damit das nicht passiert, habe ich lange an diesem Rezept getüftelt, viel geflucht – und letztlich gewonnen. Probieren Sie selbst!

686 kcal, 39 g F, 54 g KH, 11 g B, 20 g E

Für 4 Portionen

Für die Falafel:
600 g Kichererbsen (Dose)
2 Schalotten, geschält und sehr fein gewürfelt
2 Knoblauchzehen, geschält und sehr fein gewürfelt
1 Bund glatte Petersilie, fein gehackt
½ TL gemahlene Kurkuma
½ TL Koriandersamen, geröstet
1 TL gemahlener Kreuzkümmel
Salz
Pfeffer
100 g Vollkornmehl + etwas zum Wenden

Für den Dip:
500 g griechischer Joghurt (10 % Fett)
1 EL Tahin (Sesampaste)
1 TL Zitronenabrieb
1 EL Zitronensaft
Salz
Pfeffer
1 TL Honig
1 Bund Minze

Außerdem:
500 ml neutrales Öl zum Frittieren

Für die Falafel die Kichererbsen mit einer Gabel oder den Händen, so gut es geht, zu Mus zerdrücken. Es dürfen noch einige wenige größere Stückchen vorhanden sein, aber die Masse sollte schon sehr einheitlich und cremig sein. Schalotten, Knoblauch, Petersilie, Kurkuma, Koriandersamen, Kreuzkümmel, Salz und Pfeffer zugeben und alles sehr gründlich vermengen. Das Mehl ebenfalls in die Masse einarbeiten.

In einem Topf mit schwerem Boden das Öl erhitzen und überprüfen, ob es die richtige Temperatur hat (am besten einen Holzlöffel hineinhalten, wenn kleine Bläschen aufsteigen, stimmt die Temperatur). Aus der Masse walnussgroße Kugeln formen, in etwas Mehl wenden und frittieren. Nicht zu viele Bällchen auf einmal in das Öl geben, sonst kühlt es zu schnell ab und die Bällchen können auseinanderfallen. Nach 2–4 Minuten sind die Falafel goldbraun und knusprig. Mit einem Schaumlöffel aus dem Öl nehmen und auf einem mit Küchenpapier ausgelegten Teller abtropfen lassen.

Für den Dip Joghurt, Tahin, Zitronenabrieb und -saft, Salz, Pfeffer, Honig und Minze in ein hohes Gefäß geben und mit einem Stabmixer fein pürieren. Abschmecken und zu den Falafeln servieren.

Tipp: Wenn Ihnen das Frittieren nicht ganz geheuer ist, können Sie auch einfach 2 EL Öl nehmen und die Falafel wie einen kleinen Bratling braten. Übrigens: Falafel lassen sich prima einfrieren.

Entwarnung für Babys

Babys und Kleinkinder haben nur selten eine Laktoseintoleranz. Die Fähigkeit, Milchzucker zu verdauen, nimmt nämlich erst mit zunehmendem Alter ab. Und: Auch Muttermilch enthält Milchzucker. Mit ca. 7 Gramm pro 100 Milliliter sogar mehr als die gleiche Menge Kuhmilch mit ca. 4,8 Gramm.

ALLERGIEN UND UNVERTRÄGLICHKEITEN

Ernst zu nehmende Allergien

Ben darf kein Gluten, Karla hat eine Laktoseintoleranz und Theodor ist allergisch gegen Ei. Immer mehr Kinder dürfen nicht alles essen, was auf den Tisch kommt. Echte und somit potenziell lebensbedrohliche Allergien sind dabei selten. Rund 4 Prozent der Kinder haben eine echte Lebensmittelallergie, am häufigsten sind Allergien gegen Kuhmilch, Hühnerei, Weizen oder Soja. Auch eine Zöliakie kommt vor – hier müssen die Kinder ihr Leben lang auf Gluten verzichten.
Hat ein Kind eine echte Allergie oder eine Zöliakie, ist das Immunsystem an der Reaktion beteiligt. Das bedeutet: Schon kleinste Mengen oder Spuren können dazu führen, dass das Kind einen Asthmaanfall oder einen Kreislaufzusammenbruch bekommt. Bei einer Zöliakie wird durch Gluten (einem Getreidebestandteil) der Darm geschädigt; Bauchschmerzen, Durchfälle und Mangelerscheinungen können die Folge sein. Wichtig sind hier eine klare Diagnose und eine enge Rücksprache mit Arzt und Ernährungsberatung.

(Temporäre) Lebensmittelunverträglichkeiten

Weitaus häufiger kommen Lebensmittelunverträglichkeiten vor: Hier ist die Reaktion eine Frage der Menge, das Immunsystem ist nicht beteiligt. Lebensbedrohliche Reaktionen können also, anders als bei einer Allergie, nicht auftreten. Beispiel: Bei einer Laktoseintoleranz wird der Milchzucker (die Laktose) nicht vollständig aufgespalten und gelangt unverdaut in den Dickdarm. Bauchschmerzen, Blähungen und Durchfälle sind oft die Folge. Kleinere Mengen Milchzucker machen den Betroffenen aber in der Regel keine Probleme.
Hat Ihr Kind eine Laktoseintoleranz sollten laktosehaltige Lebensmittel wie Frischmilch und Frischmilchprodukte, beispielsweise Sahne, Frischkäse oder Eiscreme, nicht oder nur in geringen Mengen gegessen werden. Viele Kinder vertragen kleine Mengen Sauermilchprodukte wie (stichfesten) Joghurt oder Dickmilch. Länger gereifter Käse oder Butter sind in der Regel gut verträglich. Wenn Milchprodukte eher gemieden werden, ist die Versorgung mit Kalzium wichtig, entweder über laktosefreie Milchprodukte und Käse, über grünes Gemüse wie Mangold und Brokkoli oder über Nüsse und Sesamsamen. Kalziumreiches Mineralwasser eignet sich ebenfalls zur Versorgung mit Kalzium.
Auch eine Fruktosemalabsorption haben Kinder recht häufig: Hier hat der Körper Schwierigkeiten, Fruchtzucker (Fruktose) aus der Nahrung aufzunehmen. Der unverdaute Fruchtzucker gelangt in den Darm und Gase entstehen – die Symptome sind die gleichen wie bei der Laktoseintoleranz. Eine Fruktosemalabsorption ist häufig nicht von Dauer. Oft es ist daher ausreichend, wenn Sie große Fruchtzuckermengen, wie sie beispielsweise in Säften oder Obstmus vorkommen, vorübergehend einschränken und Ihrem Kind Obst als Nachtisch und nicht als Zwischenmahlzeit, also nicht auf nüchternen Magen, anbieten. Ein kompletter Verzicht auf Obst oder sogar auf Obst und Gemüse ist auf keinen Fall notwendig und nicht zu empfehlen.

Herzhafte
BLÄTTERTEIGSTANGEN

Blätterteig sollten Sie immer im Tiefkühlfach haben. Denn aus ihm lassen sich fix viele kinderfreundliche Snacks kreieren.

z. B. 1 Körner-Käse-Stange 74 kcal, 5 g F, 5 g KH, 1 g B, 2 g E

Für je 24 Stück

Für Körner-Käse-Stangen:
4 TK-Blätterteigplatten
1 Eigelb
1 EL Sesamsamen
1 EL Mohnsamen
1 EL Kürbiskerne, grob gehackt
1 EL Sonnenblumenkerne
50 g Hartkäse (z.B. Comté oder Bergkäse), fein gerieben

Für Kräuter-Knoblauch-Stangen:
4 TK-Blätterteigplatten
2 EL Olivenöl
½ Bund Gartenkräuter (z.B. Petersilie, Dill, Basilikum, Kerbel, Schnittlauch)
2 Knoblauchzehen, geschält
1 TL Zitronensaft
50 g Parmesan, grob gehackt

Für Schinken-Käse-Stangen:
4 TK-Blätterteigplatten
1 Eigelb
200 g Kochschinken, sehr fein gewürfelt
100 g Gouda, gerieben

Außerdem:
Mehl zum Verarbeiten

Den Backofen auf 200 °C vorheizen und ein Backblech mit Backpapier auslegen.

Für die Körner-Käse-Stangen die Blätterteigplatten auf eine leicht bemehlte Arbeitsfläche legen, dabei ausreichend Platz dazwischen lassen. Das Eigelb mit 1 EL Wasser verrühren und mit einem Pinsel dünn auf die Platten streichen. Sesam, Mohn, Kürbiskerne, Sonnenblumenkerne und Käse gleichmäßig auf den Platten verteilen. Mit einer Teigrolle und etwas Druck sämtliche Körner und Saaten in die Blätterteigplatten einrollen. Mit einem Messer jede Blätterteigplatte in sechs gleichmäßige Längsstreifen schneiden. Die einzelnen Streifen aufdrehen, sodass sie wie ein Schraubengewinde aussehen. Mit reichlich Abstand auf das Blech legen und in 10–12 Minuten knusprig backen.

Für die Kräuter-Knoblauch-Stangen die Blätterteigplatten auf eine leicht bemehlte Arbeitsfläche legen, dabei ausreichend Platz dazwischen lassen. Mit einer Teigrolle und etwas Druck ein wenig dünner rollen. Olivenöl, Kräuter, Knoblauch, Zitronensaft und Parmesan in ein hohes Gefäß geben und mit einem Stabmixer fein pürieren. Die Kräuterpaste mit einem Küchenspatel gleichmäßig auf den Blätterteigplatten verteilen. Mit einem Messer jede Platte in sechs gleichmäßige Längsstreifen schneiden. Die einzelnen Streifen aufdrehen, sodass sie wie ein Schraubengewinde aussehen. Mit reichlich Abstand auf das Blech legen und in 10–12 Minuten knusprig backen.

Für die Schinken-Käse-Stangen die Blätterteigplatten auf eine leicht bemehlte Arbeitsfläche legen, dabei ausreichend Platz dazwischen lassen. Das Eigelb mit 1 EL Wasser verrühren und mit einem Pinsel dünn auf die Platten streichen. Schinken und Käse gleichmäßig auf den Blätterteigplatten verteilen. Mit einer Teigrolle und etwas Druck beides in die Blätterteigplatten einrollen. Mit einem Messer jede Platte in sechs gleichmäßige Längsstreifen schneiden. Die einzelnen Streifen aufdrehen, sodass sie wie ein Schraubengewinde aussehen. Mit reichlich Abstand auf das Blech legen und in 10–12 Minuten knusprig backen.

Die Blätterteigstangen abgekühlt mitnehmen und genießen.

Selbst gebackenes KÖRNERBROT

Dieses Brot wird schon am Vorabend angesetzt, um am nächsten Morgen warm in die Picknicktasche gepackt zu werden. So sparen Sie sich den Gang zum Bäcker und können direkt zu ihrem Ausflugsziel aufbrechen.

Für 1 Brot

Für den Teig:
350 g Weizenmehl
150 g Roggenmehl
1 Prise Zucker
½ Pck. Trockenhefe
400 ml kaltes Wasser

Für die Körnerkruste:
1 EL Mohnsamen
1 EL Sesamsamen
1 Eigelb
1 EL Sonnenblumenkerne
1 EL Kürbiskerne

Außerdem:
Butter für die Form

Pro Scheibe (16 Scheiben) 140 kcal, 3 g F, 23 g KH, 2 g B, 4 g E

Für den Teig beide Mehle, Zucker und Trockenhefe in eine große Schüssel geben. Das Wasser zugeben und alles zu einem glatten Teig verrühren. Diesen abgedeckt über Nacht im Kühlschrank ruhen lassen, am besten 8–10 Stunden.

Am nächsten Morgen eine Kastenform (25 cm Länge) großzügig einfetten und Mohn und Sesam einstreuen, sodass die Saaten an der Butter kleben bleiben. Den Teig einfüllen (er darf nicht noch einmal geknetet werden, sonst geht er nicht mehr auf) und an einem warmen Ort abgedeckt 20 Minuten gehen lassen. Den Backofen auf 200 °C vorheizen.

Das Eigelb mit 1 EL Wasser verrühren und auf dem Brot verteilen, Sonnenblumenkerne und Kürbiskerne darüberstreuen und das Brot 40 Minuten backen. Prüfen Sie mit der Klopfprobe, ob das Brot durchgebacken ist. Dafür die Kastenform mit Handschuhen aus dem Ofen nehmen und auf die Rückseite klopfen. Wenn es dumpf und hohl klingt, ist das Brot fertig.

Tipp: Wer den Teig nicht über Nacht ruhen lassen möchte, ersetzt das kalte Wasser durch 500 ml lauwarme Milch und gibt nicht ½, sondern 1 ganzes Päckchen Trockenhefe dazu. Den Teig mit einem Schneebesen so lange schlagen, bis er Blasen wirft. 30 Minuten abgedeckt an einem warmen Ort gehen lassen und dann nach Rezept weiterverfahren.

GEWÜRZTE BUTTER

Wichtig beim Butterkauf: Butter von Kühen kaufen, die mit viel Grünfutter ernährt wurden, sogenannte Weidebutter. Sie enthält viele von den guten Omega-3-Fettsäuren und ist auch gekühlt streichfähig. Beim Anbraten lässt sich Butter gut mit Rapsöl kombinieren: Öl in der Pfanne erhitzen und gegen Ende ein Stück Butter oder gewürzte Butter zugeben, so bekommen Sie den (Gewürz-)Buttergeschmack in das gesunde Öl.

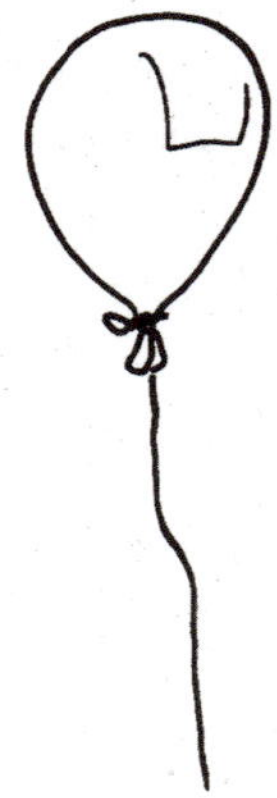

ZITRONEN-DILL-BUTTER

Für ca. 250 Gramm

2 TL Zitronenabrieb
2 TL getrockneter Dill
2 TL Zitronensaft
Salz
Pfeffer
1 Prise Zucker
250 g Butter

Pro EL (ca. 15 g) 134 kcal, 14 g F, 0 g KH, 0 g B, 0 g E

Alle Zutaten in einen Topf geben und bei schwacher Hitze in 30 Minuten sämig kochen. Dabei immer wieder umrühren. Zum Schluss fein pürieren, sofort verwenden oder in Eiswürfelbehälter füllen.

RÖSTZWIEBELBUTTER

Für ca. 300 Gramm

8 Schalotten, geschält und grob gewürfelt
2 Knoblauchzehen, geschält und grob gewürfelt
2 Stängel Thymian
Salz
Pfeffer
1 Prise Zucker
250 g Butter

Pro EL (ca. 15 g) 87 kcal, 9 g F, 0 g KH, 0 g B, 0 g E

Alle Zutaten zusammen in einen Topf geben und bei schwacher Hitze in 30 Minuten sämig kochen. Dabei immer wieder umrühren. Zum Schluss fein pürieren und sofort verwenden oder in Eiswürfelbehälter füllen.

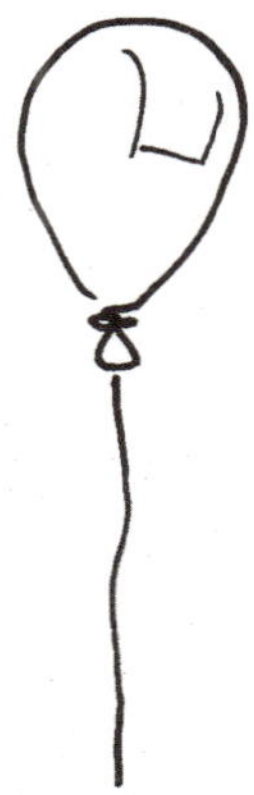

ORIENTALISCHE BUTTER

Pro EL (ca. 15 g) 135 kcal, 15 g F, 0 g KH, 0 g B, 0 g E

Alle Zutaten in einen Topf geben und bei schwacher Hitze in 30 Minuten sämig kochen. Dabei immer wieder umrühren. Zum Schluss fein pürieren und sofort verwenden oder in Eiswürfelbehälter füllen.

Tipp: Gewürzte Butter sollten Sie immer im Tiefkühlfach haben, praktischerweise in Eiswürfelbehältern eingefroren und dann in einen verschließbaren Gefrierbeutel umgefüllt. So ist sie super zu portionieren und vielseitig einsetzbar. Eingefroren sind Butterwürfel 3 Monate haltbar.

Für ca. 250 Gramm

1 TL Fenchelsamen
1 TL Kreuzkümmel
1 TL Koriandersamen
½ TL Currypulver
Salz
Pfeffer
1 Prise Zucker
250 g Butter

PAPRIKA-ESTRAGON-BUTTER

Für ca. 250 Gramm

1 rote Paprika, grob gewürfelt
2 TL Estragon
Salz
Pfeffer
1 Prise Zucker
250 g Butter

Pro EL (ca. 15 g) 77 kcal, 8 g F, 0 g KH, 0 g B, 0 g E

Alle Zutaten in einen Topf geben und bei schwacher Hitze in 30 Minuten sämig kochen. Dabei immer wieder umrühren. Zum Schluss fein pürieren, sofort verwenden oder in Eiswürfelbehälter füllen.

LIEBSTÖCKELBUTTER

Alle Zutaten in einen Topf geben und bei schwacher Hitze in 30 Minuten sämig kochen. Dabei immer wieder umrühren. Vollständig abkühlen lassen, dann fein pürieren, sofort verwenden, in Pergamentpapier gewickelt im Kühlschrank aufbewahren oder in Eiswürfelbehälter füllen.

Pro EL (ca. 15 g) 110 kcal, 11 g F, 1 g KH, 0 g B, 0 g E

Für ca. 300 Gramm

4 Schalotten, geschält und grob gewürfelt
1 Knoblauchzehe, geschält und grob gewürfelt
1 EL getrockneter Liebstöckel
Salz
Pfeffer
1 Prise Zucker
250 g Butter

Knabber-
KNÄCKEBROTCHIPS

Mit wenigen Zutaten schnell gezaubert und lange haltbar: Diese leckeren Knäckechips können Sie einfach so wegknuspern oder dippen. Schmecken auch mit Würzbutter (siehe Seite 148ff.) bestrichen super.

Für 600 Gramm

- 200 g Maismehl
- 100 g Sonnenblumenkerne
- 100 g Sesamsamen
- 50 g Leinsamen
- 1 TL Salz
- 50 ml Rapsöl
- 250 ml kochend heißes Wasser

Den Backofen auf 150 °C vorheizen und ein Backblech mit Backpapier auslegen. Alle Zutaten zügig und gründlich vermischen. Den Teig halbieren und eine Hälfte mithilfe eines Küchenspatels sehr dünn auf dem Backpapier verteilen. Die Teigschicht mit Backpapier abdecken und die zweite Hälfte des Teigs darauf verteilen.

Das Blech in den heißen Ofen schieben und die Knäckebrote in 45 Minuten ausbacken. Herausnehmen und die obere Schicht von der unteren nehmen, damit beide Knäckebrotlagen vernünftig auskühlen können. Das Knäckebrot in die gewünschte Größe brechen und als Snack für zwischendurch in die Tasche packen.

Tipp: Luftdicht verschlossen, kühl (nicht im Kühlschrank, dort ist es zu feucht!) und trocken gelagert sind die Knäckebrotchips 4 Wochen haltbar.

Pro Portion (15 Portionen) 164 kcal, 10 g F, 12 g KH, 3 g B, 5 g E

Bee Happy!

Süße
BLÄTTERTEIGSTANGEN

Blätterteig ist ein Multitalent in der Küche – und bei Kindern äußerst beliebt. Lassen sich aus ihm doch ganz besonders leckere süße Knusperstangen herstellen. Und sogar die Kleinsten können hier schon mithelfen und die Stangen eindrehen.

Für je 24 Stück

Für Honig-Mandel-Stangen:
4 TK-Blätterteigplatten
1 Eigelb
125 g gehackte Mandeln
6 EL flüssiger Honig

Für Erdnuss-Schoko-Stangen:
4 TK-Blätterteigplatten
6 EL Erdnussbutter mit Stückchen
6 EL Zartbitter-Schokoladenflocken

Für Aprikosen-Minz-Stangen:
4 TK-Blätterteigplatten
8 EL Aprikosenmarmelade
8 Stängel Minze, fein gehackt

Außerdem:
Mehl zum Verarbeiten

z. B. 1 Honig-Mandel-Stange 93 kcal, 6 g F, 7 g KH, 1 g B, 2 g E

Den Backofen auf 200 °C vorheizen und ein Backblech mit Backpapier auslegen.

Für die Honig-Mandel-Stangen die Blätterteigplatten auf eine leicht bemehlte Arbeitsfläche legen, dabei ausreichend Platz dazwischen lassen. Das Eigelb mit 1 EL Wasser verrühren und mit einem Pinsel dünn auf die Platten streichen. Die Mandeln gleichmäßig auf den vier Platten verteilen. Mit einer Teigrolle und etwas Druck die Mandeln in die Blätterteigplatten einrollen. Dann den Honig darüberträufeln. Mit einem Messer jede Platte in sechs gleichmäßige Längsstreifen schneiden. Die einzelnen Streifen aufdrehen, sodass sie wie ein Schraubengewinde aussehen. Am besten über dem Blech machen, denn der Honig tropft. Die Stangen mit reichlich Abstand auf dem Blech verteilen und in 10–12 Minuten knusprig backen.

Für die Erdnuss-Schoko-Stangen die Blätterteigplatten auf eine leicht bemehlte Arbeitsfläche legen, dabei ausreichend Platz dazwischen lassen. Die Erdnussbutter dünn auf den Platten verstreichen. Dann die Schokoflocken gleichmäßig daraufstreuen. Mit einer Teigrolle und etwas Druck beides in die Blätterteigplatten einrollen. Jede Platte in sechs gleichmäßige Längsstreifen schneiden. Die Streifen aufdrehen, sodass sie wie ein Schraubengewinde aussehen. Mit reichlich Abstand auf dem Blech verteilen und in 10–12 Minuten knusprig backen.

Für Aprikosen-Minz-Stangen die Blätterteigplatten auf eine leicht bemehlte Arbeitsfläche legen, dabei ausreichend Platz dazwischen lassen. Die Platten mit einer Teigrolle und etwas Druck dünner rollen und die Marmelade daraufstreichen. Die Minze darüberstreuen. Jede Platte in sechs gleichmäßige Längsstreifen schneiden. Die einzelnen Streifen aufdrehen, sodass sie wie ein Schraubengewinde aussehen. Mit reichlich Abstand auf dem Blech verteilen und in 10–12 Minuten knusprig backen.

Die Blätterteigstangen abkühlen lassen, mitnehmen und genießen.

SÜSSES IN REKORDZEIT

Nachtisch lässt kleine und große Augen strahlen – jedenfalls, wenn er im Handumdrehen zubereitet werden kann, so wie mein blitzschnelles Apfelsoufflé. Auch wenn man mit Desserts, Kuchen und Süßigkeiten natürlich achtsam umgehen muss: Die nachstehenden Seiten sind allen Naschkatzen und Schleckermäulern gewidmet. Ein Hurra auf ein Leben mit Kuchen!

GEBACKENER GRIESS
mit Rhabarber und Erdbeeren

Ein tolles Schmankerl am Nachmittag oder eine leckere Überraschung für ein süßes Frühstück am Wochenende. Die Kinder werden diese Süßspeise lieben.

447 kcal, 18 g F, 50 g KH, 6 g B, 15 g E

Grieß, Zitronenabrieb und Milch in einem Topf aufkochen. Vom Herd nehmen, mit geschlossenem Deckel 10 Minuten quellen lassen und anschließend etwas abkühlen lassen.

In der Zwischenzeit die Eier trennen. Die Eiweiße mit Salz in ein hohes Gefäß geben und sehr steif schlagen. Die Eigelbe mit dem Vanillezucker glatt rühren. Zuerst die Eigelbe und dann die Eiweiße unter den Grießbrei heben.

Das Butterschmalz in einer großen Pfanne erhitzen und den Rhabarber darin bei schwacher Hitze unter Rühren in 3 Minuten leicht anschwitzen. Die Grießmasse vorsichtig in die Pfanne geben und bei schwacher Hitze mit geschlossenem Deckel 6 Minuten braten.

Den gebackenen Grieß auf einen großen Teller stürzen. Erdbeeren darübergeben und mit Puderzucker bestreut sofort servieren.

Für 4 Portionen

Für den Grieß:
- 130 g Vollkorngrieß
- 1 TL Zitronenabrieb
- 500 ml Milch
- 4 Eier
- 1 Prise Salz
- 2 EL Vanillezucker (selbst gemacht siehe Seite 27)
- 4 Stangen roter Rhabarber (ca. 300 g), in feinen Scheiben
- 400 g Erdbeeren, geputzt und halbiert oder geviertelt

Außerdem:
- 2 EL Butterschmalz zum Braten
- 2 EL Puderzucker zum Bestreuen

Aprikosen-
HAFERFLOCKEN-TALER

Ein süßer Keks, der gar kein richtiger Keks ist. Oder auch: Der schnellste Keks der Welt – denn das Backen entfällt und die Taler sind blitzschnell fertig. Durch die Oblaten sind sie nicht klebrig, obwohl sie innen wunderbar saftig sind. Der perfekte Energieanschubser für zwischendurch!

Pro Stück 75 kcal, 2 g F, 10 g KH, 2 g B, 2 g E

Für 20 Stück

200 g getrocknete Aprikosen, sehr fein gehackt
50 g Cranberrys, sehr fein gehackt
75 g Cashewkerne, sehr fein gehackt
75 g zarte Haferflocken
6 EL Orangensaft
40 Backoblaten (ø 4 cm)

Aprikosen, Cranberrys, Cashewkerne, Haferflocken und Orangensaft in eine Schüssel geben und zu einer glatten, festen Masse verkneten. 20 walnussgroße Kugeln formen.

Je eine Kugel auf eine Oblate setzen, mit einer zweiten Oblate bedecken und dann leicht zusammendrücken – fertig!

Tipp: In einer luftdicht verschlossenen Dose halten sich die Taler 3 Tage.

QUARKKEULCHEN
mit geschmorten Birnen

Diese sächsische Spezialität gibt es in Dresden in fast jedem Restaurant. Grund genug, dass dieser Klassiker es in mein Buch geschafft hat und jetzt in noch viel mehr Küchen Einzug erhält.

Für ca. 16 Stück

Für die Keulchen:
400 g mehligkochende Kartoffeln
Salz
1 TL Zitronenabrieb
2 Eier
200 g Magerquark
1 Prise Zucker
1 Msp. Zimt
50 g Rosinen
80 g Mehl + etwas zum Wenden

Für die geschmorten Birnen:
75 g Zucker
100 ml Birnensaft
2 große Birnen (z.B. Abate Fetel), in 2 cm großen Würfeln
Mark von ½ Vanilleschote
1 TL Speisestärke

Außerdem:
2 EL Butterschmalz zum Braten

Pro Stück 121 kcal, 3 g F, 19 g KH, 1 g B, 4 g E

Für die Quarkkeulchen die Kartoffeln in einem Topf mit reichlich Salzwasser zum Kochen bringen und in 20–30 Minuten gar kochen.

Für die geschmorten Birnen den Zucker in einen Topf geben und unter Beobachtung zum Schmelzen bringen. Achtung, es dauert relativ lange, bis er zu schmelzen beginnt und dann geht es auf einmal sehr schnell. Sobald er schmilzt und leicht hellbraun wird, schnell den Saft und die Birnen zugeben. (Das zischt und dampft.) Das Vanillemark zugeben. Dann die Speisestärke mit 1 EL kaltem Wasser anrühren und zu den Birnen geben, sobald sich der Karamell gelöst hat und der Birnensaft kocht. Vom Herd nehmen und gar ziehen lassen.

Die Kartoffeln pellen und mit einer Kartoffelpresse in eine große Schüssel pressen. Zitronenabrieb, Eier, Quark, Zucker, Zimt, Rosinen und Mehl zugeben und alles zu einem glatten Teig verkneten. Aus der Masse ca. 16 kleine Kugeln formen.

Das Butterschmalz in einer großen Pfanne erhitzen. Die Kugeln leicht platt drücken, in etwas Mehl wenden und in die heiße Pfanne geben. Von jeder Seite in 2–4 Minuten knusprig braun braten. Sofort mit den lauwarmen Birnen servieren.

Tipp: Aus der Schote können Sie Vanillezucker herstellen (siehe Seite 27).

Kürbiskern-
CANTUCCINI

Nicht nur Weihnachten verlockend: Die Cantuccini veredeln den Kakao oder Kaffee am Nachmittag und lassen sich prima mitnehmen. Varianten gibt es viele, die Cranberrys können zum Beispiel durch kandierten Ingwer oder Zitronat ersetzt werden; statt Kürbiskernen eignen sich Mandeln, Erdnüsse oder Walnüsse.

Für 40–45 Stück

250 g Dinkelmehl
+ etwas zum Verarbeiten
150 g brauner Zucker
Mark von 1 Vanilleschote
2 Eier
50 g Butter
1 TL Zitronenabrieb
1 TL Orangenabrieb
1 TL Backpulver
1 Prise Salz
40 g Cranberrys
100 g Kürbiskerne

Mehl, Zucker, Vanillemark, Eier, Butter, Zitronen- und Orangenabrieb, Backpulver und Salz in eine große Schüssel geben und zu einem Streuselteig verkneten. Die Arbeitsfläche leicht mit Mehl bestäuben und den Teig mit möglichst kühlen Händen zu einem Mürbeteig kneten. Zum Schluss fix die Cranberrys und die Kürbiskerne unterkneten.

Den Teig in fünf Stücke teilen und zu ca. 2,5 cm dicken und 20 cm langen Rollen formen. Die Rollen fest in Frischhaltefolie einwickeln und mindestens 3 Stunden, am besten über Nacht, im Kühlschrank ruhen lassen.

Den Backofen auf 200 °C vorheizen und ein Backblech mit Backpapier auslegen. Die Teigrollen aus der Folie wickeln, auf das Blech legen und im heißen Ofen 10–15 Minuten backen. 5 Minuten auskühlen lassen, dann mit einem Brotmesser in 1 cm breite Scheiben schneiden und wieder auf das Backblech legen. In weiteren 8 Minuten knusprig backen. Ausgekühlt servieren.

Tipp: Die Cantuccini halten sich luftdicht verschlossen 4 Wochen.

Pro Stück (bei 45) 68 kcal, 3 g F, 8 g KH, 1 g B, 2 g E

Flexibles und rigides Essverhalten

Im Ernährungsverhalten wird zwischen flexiblem und rigidem Essverhalten unterschieden. ***Rigide heißt:*** Jeden Tag strikt und auf die Kalorie genau essen, Verbote (beispielsweise gar keine Süßigkeiten) etablieren, starre Regeln einhalten. Dies ist ein Essverhalten, das oft bei Essstörungen gezeigt wird und diese begünstigt. ***Flexibel bedeutet:*** Situationsabhängig entscheiden. Auch mal das Leben (und an einem heißen Sommertag ein großes Eis) genießen. An anderen Tagen werden diese Tage wieder ausgeglichen. Flexible Esser sind schlanker und deutlich weniger anfällig für Essstörungen oder Übergewicht.

SÜSS, SÜSSER, SÜSSIGKEITEN

Eine Portion pro Tag

Kinderaugen glänzen bei dem Thema, bei den Eltern sieht man eher das Weiße in den Augen: Süßigkeiten. Für die Kinder kann es nie genug davon geben. Nachtisch, Eis und Kuchen gehen immer. Aber zu viel Zucker ist ungesund, das wissen auch schon die Kleinsten. Als unproblematisch gilt eine Portion am Tag. Eine Portion ist dabei so viel, wie in eine Hand geht. (Aber in die eigene, nicht in Papas Hand!)
Und wenn auf Kindergeburtstagen mal mehr gegessen werden will? Kein Problem: Ca. sieben Portionen in der Woche sind völlig in Ordnung, das heißt aber nicht, dass jeden Tag eine Portion gegessen werden muss. Wer an einem Tag mehr isst, spart am nächsten Tag – so lernen die Kinder flexibles Essverhalten.

Zuckerkonsum im Blick

Aber Achtung: Versteckter Zucker zählt mit! Wenn Sie das Gefühl haben, Ihr Kind isst zu viel Zucker, erklären Sie ihm noch einmal die Portionsempfehlung. Bei den Kleinen können Sie den Süßigkeitenkonsum oft heimlich einschränken oder Süßigkeiten durch Obst ersetzen. Mein Tipp für größere Kinder: Sammeln Sie mit Ihrem Kind einen Tag lang alles, was in seinem Bauch landet (inklusive der Getränke), oder schreiben Sie es gemeinsam auf. So lernen Kinder früh, wo sich Zucker überall versteckt. Viele Kinder vertilgen ihre tägliche Portion Süß nämlich bereits mit dem Frühstück. Auch wichtig: Kaufen Sie zuckerarm ein und bieten Sie Ihrem Kind Alternativen an. Rühren Sie beispielsweise gemeinsam Fruchtjoghurt an oder stellen Sie Eis selbst her. So muss die Süßigkeitenportion vielleicht gar nicht gestrichen, sondern nur das Drumherum geändert werden.

Vorsicht vor Gewohnheiten

Das Gehirn spart über Gewohnheiten Energie, es muss nämlich nicht denken, wenn wir etwas tun, was wir immer tun. Es ist also keine gute Idee, jeden Tag auf dem Sofa Chips zu futtern oder beim Spieleabend eine Tüte Gummibärchen zu verdrücken. Wenige Male reichen bereits aus und das Gehirn hat eine Gewohnheit etabliert – beim nächsten Hinsetzen aufs Sofa fordert es also die gewohnten Chips ein. Es lohnt sich, diesen Mechanismus auch schon Kindern zu erklären, insbesondere wenn es in der Schule oder in der Nähe davon Süßigkeiten zu kaufen gibt. Denn je öfter ein Kind der Versuchung nachgibt, desto schwieriger wird es, am Kiosk vorbeizugehen.

Süße
FILOTEIGROLLEN

Knackig, süß und fix gemacht … Der Honig und die Datteln süßen ganz natürlich und die Gewürze duften schön nach Weihnachten. Eine kulinarische Kostbarkeit wie aus 1001 Nacht!

Pro Stück 194 kcal, 8 g F, 24 g KH, 2 g B, 4 g E

Für 8 Stück

- 40 g Couscous
- 8 Blätter Filoteig
- 8 frische Datteln, entsteint und fein gehackt
- 50 g Mandeln, gehackt und ohne Fett geröstet
- 2 EL Honig
- 1 EL Butter
- 1 Prise Zimt
- 1 Prise Sternanis
- 1 Eiweiß
- 1 Prise Salz

Für die Füllung den Couscous in eine große Schüssel füllen und mit 100 ml kochendem Wasser übergießen. 10 Minuten quellen lassen.

Die Filoteigblätter auslegen. Den Backofen auf 200 °C vorheizen und ein Backblech mit Backpapier auslegen.

Datteln, Mandeln, Honig, Butter, Zimt und Sternanis zum Couscous geben. Alles mit einer Gabel gründlich vermengen. Das Eiweiß mit dem Salz in eine kleine Schüssel geben und gründlich verschlagen, es sollte leicht durch die Gabel rinnen.

Die Couscousmasse gleichmäßig auf den Filoteigblättern verteilen, dabei darauf achten, dass die Ränder frei bleiben. Die Ränder mit Eiweiß bestreichen und die Teigblätter aufrollen, dabei die Ränder seitlich einschlagen.

Die fertigen Rollen auf das Blech legen und im heißen Ofen in 15 Minuten knusprig backen. Kurz abkühlen lassen und servieren.

Tipp: Dazu schmeckt Naturjoghurt.

Kleine
RHABARBERKÜCHLEIN

Hübsche Frühlingsgrüße der besonderen Art: frisch aus dem Ofen serviert, herrlich süßsauer im Geschmack und in Kombination mit dem rahmigen Vanillequark ein wahrer Frühjahrsgenuss für Groß und Klein.

Pro Stück 264 kcal, 8 g F, 34 g KH, 2 g B, 11 g E

Für 12 Stück

Für die Küchlein:
- 350 g Mehl
- + etwas zum Verarbeiten
- 275 ml warme Milch
- ½ Würfel frische Hefe (21 g)
- 50 g Rohrzucker
- 50 g weiche Butter
- 1 TL Zitronenabrieb
- 4 Stangen Rhabarber (ca. 300 g), in hauchfeinen Scheiben
- 2 EL Honig
- 50 g gehobelte Mandeln

Für den Quark:
- 500 g Magerquark
- 2 EL Vanillezucker (selbst gemacht siehe Seite 27)
- 50 ml Sahne

Das Mehl in eine große Schüssel sieben. Die Milch mit der Hefe in ein hohes Gefäß geben und so lange rühren, bis sich die Hefe vollständig aufgelöst hat. Hefemilch, Zucker, Butter und Zitronenabrieb zum Mehl geben und zu einem festen, glatten Teig verkneten. Noch einmal mit den Händen nachkneten. Den Teig abgedeckt an einem warmen Ort 20 Minuten gehen lassen. Er sollte sich fast verdoppeln.

In der Zwischenzeit Quark mit Vanillezucker und Sahne in einer Schüssel gründlich verrühren.

Den Backofen auf 220 °C vorheizen und ein Backblech mit Backpapier auslegen. Den Teig in zwölf kleine Stücke teilen. Achtung: Die Stücke nicht mehr kneten (der Teig geht dann nicht mehr auf und wird zu zäh), sondern mit einer Teigrolle auf einer bemehlten Arbeitsfläche zu kleinen runden Fladen (ø ca. 10 cm) rollen. Dabei immer wieder wenden.

Rhabarber, Honig und Mandeln gleichmäßig auf den Fladen verteilen und die Küchlein im heißen Ofen in 8–10 Minuten knusprig backen. Noch lauwarm mit dem Quark servieren.

Blitzschnelles
APFELSOUFFLÉ

Ein echtes Blitzdessert! Eignet sich prima als Gemeinschaftsprojekt, denn die Kinder können hier gut mithelfen. Dazu ist es ein absoluter Hingucker im Backofen. Da kann es schon vorkommen, dass die Kinder im Schneidersitz vor dem Ofen sitzen … Aber: Die Ofentür zwischendurch nicht öffnen, sonst fällt das Soufflé zu schnell zusammen!

Für 6 Portionen

4 Äpfel (am besten Boskop), geschält und grob gewürfelt
1 EL Zitronensaft
1 TL Zitronenabrieb
4 Eiweiße
2 TL Zucker

102 kcal, 0 g F, 20 g E, 2 g B, 3 g E

Den Backofen auf 160 °C Umluft vorheizen. Die Apfelwürfel mit Zitronensaft und -abrieb und 2 EL Wasser in einen kleinen Topf geben und einmal aufkochen. Bei schwacher Hitze mit geschlossenem Deckel in 5–7 Minuten weich kochen.

In der Zwischenzeit die Eiweiße mit dem Zucker sehr steif schlagen. Die Äpfel durch ein feines Sieb geben und schnell mit dem Eischnee vermengen. Die Masse auf sechs Souffléschälchen (ø ca. 8 cm) verteilen und das Apfelsoufflé im heißen Ofen auf der mittleren Schiene in 15 Minuten goldgelb backen. Sofort genießen.

Bunte
BEERENEISWÜRFEL

Die simpelste kleine Süßigkeit überhaupt – und für die Kinder der Hit. Sie benötigen jeweils 1 Handvoll Obst und ca. 400 ml Obstsaft. Lediglich die Eiswürfel brauchen ein wenig Zeit – im Tiefkühlfach wohlgemerkt!

z. B. Himbeeren und Apfelsaft pro Stück 7 kcal, 0 g F, 2 g KH 0 g B, 0 g E

Für ca. 28 Stück

Äpfel und Apfelsaft
oder
Birnen und Birnensaft
oder
Blaubeeren und Kirschsaft
oder
Himbeeren und Apfelsaft
oder
Kirschen und Birnensaft
oder
Granatapfelkerne und Kirschsaft

Außerdem:
Minze oder Melisse, fein gehackt, oder Zitronenabrieb nach Belieben
2 Eiswürfelbehälter

Das jeweilige Obst waschen, ggf. entkernen und sehr klein schneiden. Die Fruchtstücke in die Eiswürfelbehälter geben und mit dem passenden Saft auffüllen.

Nach Belieben Minze, Melisse oder Zitronenabrieb zugeben.

Tipp: Funktioniert natürlich auch mit größeren Eisformen, dann macht diese eiskalte Süßigkeit noch mehr her.

Fluffiger RÜHRKUCHEN

Wer am längsten rührt, bekommt den lockersten Kuchen! Mit diesem Rezept gelingt der Rührteig hundertprozentig. Der auch als Eischwerkuchen bezeichnete Rührteig besteht zu gleichen Gewichtsanteilen aus Fett, Zucker, Eiern und Mehl. Mit weiteren Zutaten nach Wahl wie Kakao, Gewürzen oder Früchten wird er zu einer geschmeidigen Masse gerührt.

Den Backofen auf 180 °C vorheizen und die Springform einfetten.

Die Zutaten müssen je nach gewünschtem Ergebnis unterschiedlich verarbeitet werden. Für einen feinporigen Kuchen zunächst Butter und Zucker schaumig rühren, die Eier einzeln unterrühren und zum Schluss das Mehl unterheben. Für einen luftigen Kuchen die Eigelbe mit Zucker cremig schlagen, die Butter unterrühren und zum Schluss das Mehl und das steif geschlagene Eiweiß unterheben. Für einen saftigen Kuchen alle Zutaten auf einmal verrühren.

Den Kuchen nach Wahl variieren (siehe unten) und im heißen Ofen auf der untersten Schiene 40 Minuten backen.

Nuss-Mohn-Kuchen 100 g Mehl durch 100 g gemahlene Haselnüsse ersetzen und den Kuchen laut Rezept zubereiten. Während des Backens 1 Pck. Vanillepuddingpulver mit 500 ml Milch nach Packungsanleitung kochen und 100 g gemahlenen Mohn unter den Pudding rühren. Abkühlen lassen. Den fertigen Kuchen auskühlen lassen, mit einem dicken Bindfaden in der Mitte teilen und vorsichtig aufklappen. Den Mohnpudding auf der unteren Hälfte verteilen, Deckel obenauf setzen und mit Puderzucker bestreut servieren.

Schoko-Keks-Kuchen Den Teig nach Rezept zubereiten. Vor dem Backen 200 g Keksbruch nach Wahl und 4 EL Zartbitter-Schokosplitter gründlich unterheben.

Apfel-Marzipan-Kuchen Den Teig nach Rezept zubereiten. 1 Apfel (z.B. Braeburn oder Boskop) waschen und grob raspeln. 200 g Marzipanrohmasse grob raspeln und beides mit 1 TL Zimt und 1 TL Zitronenabrieb unter den Teig heben.

Bananen-Schoko-Kuchen Den Teig nach Rezept zubereiten und 2 EL Backkakao unterheben. 3 reife Bananen schälen, längs halbieren und in die Form legen. Den Teig darübergeben und den Kuchen nach Rezept backen.

Für 1 Springform (ø 26 cm)

Für den Grundteig:
- 250 g zimmerwarme Butter
- 250 g Zucker
- 4 zimmerwarme Eier (Größe L)
- 250 g Mehl

Außerdem:
- Fett für die Form

z. B. Schoko-Keks pro Stück (bei 12) 436 kcal, 22 g F, 50 g KH, 1 g B, 6 g E

QUINOA-QUARK-AUFLAUF
mit Bananen

Mindestens so lecker wie Grießbrei, durch die Zugabe von Quinoa aber mal was anderes. Der Auflauf ist besonders reich an Eiweiß, Magnesium und Eisen. In Kombination mit Quark und Bananen ein richtiges Kraftpaket, das für gute Laune und Fitness sorgt.

Für 4 Portionen

150 g Quinoa
200 ml Apfelsaft
100 ml Milch
2 Eier
1 EL brauner Zucker
1 TL Zitronenabrieb
500 g Magerquark
1 Msp. Zimt
1 Msp. gemahlener Ingwer
3 Bananen, geschält und längs halbiert

Außerdem:
1 EL Butter für die Form

432 kcal, 9 g F, 55 g KH, 4 g B, 27 g E

Quinoa in ein feines Sieb geben, gründlich unter heißem Wasser abspülen und gut abtropfen lassen. Mit Apfelsaft und Milch in einen Topf geben und einmal aufkochen, dann 10 Minuten leise köcheln lassen. Vom Herd nehmen und weitere 5 Minuten ziehen lassen.

Den Backofen auf 180 °C vorheizen. Die Eier trennen. Die Eigelbe in eine große Schüssel geben und kurz beiseitestellen. Die Eiweiße in ein hohes Gefäß geben und sehr steif schlagen, dabei den braunen Zucker einrieseln lassen.

Zitronenabrieb, Quark, Zimt und Ingwer in die Schüssel zu den Eigelben geben und gründlich unterrühren. Den Quinoa zugeben und ebenfalls sorgfältig untermengen. Zum Schluss die Eiweiße vorsichtig unterheben.

Eine große feuerfeste Auflaufform einfetten und die Bananen hineinlegen. Nun die Quinoa-Quark-Masse zugeben und gleichmäßig darauf verteilen. Den Auflauf im heißen Ofen in 30 Minuten goldbraun backen.

RUCKZUCK-JOGHURTEIS

Hier gilt: Spielen Sie mit den Lieblingsfrüchten Ihrer Kinder und entwickeln Sie Varianten nach den persönlichen Vorlieben.

Joghurteis mit Himbeeren
152 kcal, 10 g F, 10 g KH, 1 g B, 3 g E

Joghurt und Honig gut verrühren und die Früchte zugeben. In die Förmchen füllen und mindestens 2 Stunden ins Tiefkühlfach stellen.

Für 4 Portionen

400 g griechischer Joghurt (10 % Fett)
2 EL Honig
100 g Früchte nach Wahl, in mundgerechten Stücken

Außerdem:
4 Eisformen

FIXES QUARKEIS

Das leckere Ruckzuck-Eis funktioniert auch mit Quark statt mit griechischem Joghurt. Einfach Fruchtmus nach Wahl zugeben – fertig!

Quarkeis mit Apfelmus
76 kcal, 0 g F, 9 g KH, 1 g B, 8 g E

Quark und Obstmus sorgfältig verrühren. In die Eisformen füllen und mindestens 2 Stunden tiefkühlen.

Für 4 Portionen

250 g Magerquark
150 g Apfelmus oder Mus von anderen Früchten

Außerdem:
4 Eisformen

FÜR DIE ALLERKLEINSTEN

Damit das Kind ordentlich wächst und gedeiht, braucht es ca. ab dem fünften Lebensmonat mehr als nur Muttermilch oder Pre-Milch. Frisches Gemüse, süßes Obst, Getreide, Fisch und Fleisch werden mit etwas Öl gemixt – und fertig ist der Brei, der den Nachwuchs optimal mit Nährstoffen versorgt. Ganz schön easy, oder?

GUT ERNÄHRT IM 1. LEBENSJAHR

Was Säuglinge brauchen

Die Ernährung im ersten Lebensjahr ist etwas Besonderes: Das Baby bekommt zunächst ausschließlich Muttermilch oder Säuglingsmilchnahrung und lernt nach und nach, das normale Familienessen mitzuessen.
Allgemein empfohlen wird das Vorgehen nach dem Ernährungsplan für das 1. Lebensjahr des FKE Dortmund (Forschungsinstitut für Kinderernährung Dortmund). Nach der Stillzeit, die mindestens volle 4 Monate und höchstens 6 Monate dauern sollte, werden nach und nach unterschiedliche Breie angeboten. Dabei wird weiter gestillt oder, wenn nicht gestillt wird, Säuglingsmilchnahrung gegeben.
Babys haben einen hohen Fettbedarf. Deswegen dem Gemüse-Kartoffel-Fleisch-Brei und dem Getreide-Obst-Brei unbedingt Rapsöl zugeben. Wer sich entscheidet, Gläschen zu füttern, sollte auch diesen noch Öl zufügen, da sie häufig zu wenig davon enthalten. Ansonsten gilt: Das Baby viel probieren lassen! Die frühere Empfehlung, sich mit bestimmten Lebensmitteln aus Angst vor Allergien zurückzuhalten, gilt nicht mehr. Im Gegenteil: Das Immunsystem des Babys soll die Lebensmittel kennenlernen.

Alter	*Ernährung*
0–4./6. Monat	Ausschließlich: Milchernährung
5.–7. Monat	Gemüse-Kartoffel-Fleisch-Brei *oder* Gemüse-Kartoffel-Getreide-Brei (Getreide: z.B. Weizen, Dinkel, Hirse, Hafer) Gelegentlich das Fleisch durch Fisch ersetzen, beispielweise Lachs.
6.–8. Monat	Zusätzlich als zweiter Brei: Milch-Getreide-Brei
7.–9. Monat	Zusätzlich als dritter Brei: Getreide-Obst-Brei Jetzt auch Wasser anbieten. Der Brei ist absichtlich milchfrei, damit das Eisen aus dem Getreide besser aufgenommen werden kann, also bitte keine Milch zugeben.
ab ca. 10. Monat	Übergang zur Familienkost

Modifiziert nach dem Ernährungsplan für das 1. Lebensjahr des FKE Dortmund.

Baby Led Weaning

Eine Alternative zu den Brei-Mahlzeiten bietet das Konzept „Baby Led Weaning" (BLW), übersetzt: „Baby aussuchen lassen". Dem Baby wird Fingerfood statt Brei angeboten und es sucht sich selbst aus, was es probieren möchte. Was die meisten Eltern und Babys begeistert, wird von Experten aber kritisch gesehen: Muttermilch allein reicht ca. ab der Mitte des ersten Lebensjahrs nicht mehr aus, um den Nährstoffbedarf des Babys zu decken, insbesondere Eisen wird dann knapp. Und auch der Bedarf an Fettsäuren ist im ersten Lebensjahr hoch. Diese Nährstoffe in ausreichender Menge über Fingerfood aufzunehmen, ist nicht einfach.
Wer hier auf Nummer sicher gehen will, kombiniert einfach beide Konzepte und bietet dem Baby sowohl Brei als auch Fingerfood an.

Hier ist Vorsicht angesagt

Auf Honig und Ahornsirup sollte im ersten Lebensjahr unbedingt verzichtet werden. Aus Hygienegründen wird in den ersten Jahren weiterhin alles vermieden, worauf auch in der Schwangerschaft verzichtet wurde, beispielsweise nicht durchgegartes Fleisch, Rohwürste und Rohmilchprodukte oder Produkte mit rohen Eiern. Kleine, runde Lebensmittel wie Beeren, Trauben und Nüsse sollten vor dem Verzehr geschnitten, gequetscht oder gemahlen werden, damit die Babys sich daran nicht verschlucken können.

Der perfekte Start in die Beikost: Gemüsebrei. Fangen Sie mit wenigen Löffeln an. (Wenn Sie das Gefühl haben, dass Ihr Baby noch nicht so weit ist, versuchen Sie es eine Woche später erneut.) Steigern Sie die Menge langsam. Nach und nach kommen Kartoffeln, Fleisch, Fisch oder Getreide hinzu. Gut verträglich, auch zu Beginn, sind Fenchel, Gurke, Kürbis, Möhren, Süßkartoffeln, Pastinaken und Zucchini. Das Gemüse in wenig Wasser dünsten, das Kochwasser mitverwenden und vor dem Servieren noch einen Esslöffel Rapsöl zufügen.

FENCHELBREI

Für 250 Gramm

450 g Fenchel, in kleinen Stücken
1 EL Rapsöl

Pro Portion (50 g) 36 kcal, 2 g F, 2 g KH, 2 g B, 1 g E

Fenchel und 300 ml Wasser in einen kleinen Topf geben, bei großer Hitze zum Kochen bringen, dann die Hitze sofort reduzieren und das Gemüse mit geschlossenem Deckel in 15 Minuten gar ziehen lassen. Das Öl zugeben, wenn der Brei nicht eingefroren wird, und mit einem Stabmixer pürieren.

Tipp: Die Gemüsebreie ergeben jeweils fünf klitzekleine Mahlzeiten von 50 Gramm, die Sie gut einfrieren können. So müssen Sie nichts wegschmeißen und können schnell etwas auftauen, wenn Ihr Baby noch Hunger hat. Später isst es dann in einem Rutsch ca. 150 Gramm.

Brokkoli-
MÖHREN-BREI

Pro Portion (50 g) 40 kcal, 2 g F, 3 g KH, 2 g B, 1 g E

Brokkoli und Möhren mit 300 ml Wasser in einen kleinen Topf geben und zum Kochen bringen. Sobald das Wasser kocht, die Hitze reduzieren und das Gemüse mit geschlossenem Deckel in 15 Minuten gar ziehen lassen. Das Öl zugeben, wenn der Brei nicht eingefroren wird, und mit einem Stabmixer pürieren.

Für 250 Gramm

300 g Brokkoli, in kleinen Röschen
150 g Möhren, ggf. geschält und in dünnen Scheiben
1 EL Rapsöl

Spinat-
KARTOFFEL-BREI

Pro Portion (50 g) 60 kcal, 2 g F, 7 g KH, 1 g B, 2 g E

Die Kartoffeln in einem kleinen Topf in 300 ml Wasser zum Kochen bringen. Sobald das Wasser kocht, die Hitze reduzieren und die Kartoffeln 20 Minuten garen. 2 Minuten vor Ende der Garzeit den Spinat zugeben. Das Öl zufügen, wenn der Brei nicht eingefroren wird, und alles mit einem Kartoffelstampfer zu Mus stampfen.

Tipp: Um den Brei noch lockerer zu bekommen, rühren Sie einfach kurz mit dem Schneebesen. Wenn Sie ihn ganz fein wünschen, pürieren Sie ihn mit einem Stabmixer.

Für 250 Gramm

300 g Kartoffeln, geschält und in kleinen Stücken
150 g Babyspinat, in feinen Streifen
1 EL Rapsöl

Ungefähr um den 6. Lebensmonat des Säuglings gehen dessen Eisenvorräte dem Ende entgegen. Fleisch ist die einfachste Möglichkeit, das Baby mit Eisen zu versorgen. Für vegetarische Kinder eignet sich ein Brei mit Getreide. Die Zubereitung von Fleisch ist einfach: In wenig Wasser garen (dabei das Wasser nur kurz aufkochen und das Fleisch im Wasser gar ziehen lassen, damit es nicht zäh wird) und anschließend mit dem Gemüse pürieren. Fleischbrei kann fast täglich gegeben werden, ein- bis zweimal pro Woche wird das Fleisch durch Fisch ersetzt.

ERBSEN-KARTOFFEL-BREI
mit Hühnchen

Für 250 Gramm

300 g TK-Erbsen
150 g Kartoffeln, geschält und in kleinen Stücken
100 g Hühnerbrust-gehacktes
1 EL Rapsöl

Pro Portion (50 g) 113 kcal, 2 g F, 11 g KH, 4 g B, 9 g E

Aufgetaute Erbsen, Kartoffeln und Gehacktes in einen kleinen Topf geben und in 300 ml Wasser zum Kochen bringen. Sobald das Wasser kocht, die Hitze reduzieren und alles in 20 Minuten mit geschlossenem Deckel gar ziehen lassen. Mit einem Kartoffelstampfer zu einem glatten Mus stampfen und wenn der Brei noch feiner werden soll, mit einem Stabmixer fein pürieren. Dabei das Öl zugeben – falls nicht Teile der Portion eingefroren werden.

Tipp: Die Fleischbreie ergeben jeweils fünf kleine Starterportionen (siehe Tipp Seite 186).

KÜRBIS-KARTOFFEL-BREI

mit Pute

Pro Portion (50 g) 97 kcal, 2 g F, 12 g KH, 2 g B, 6 g E

Kürbis, Kartoffeln und Putenfleisch in einen kleinen Topf geben und in 300 ml Wasser zum Kochen bringen. Sobald das Wasser kocht, die Hitze reduzieren und alles mit geschlossenem Deckel in 20 Minuten gar ziehen lassen. Zunächst mit einem Kartoffelstampfer zu Mus zerstampfen, dann mit einem Schneebesen zu einem lockeren Brei rühren. Dabei das Öl unterheben, falls nicht einige Portionen eingefroren werden.

Für 250 Gramm

300 g Hokkaido-Kürbis, in feinen Stücken (Schale mitverwenden)
150 g Kartoffeln, geschält und fein gewürfelt
100 g Putenbrustfilet, fein gewürfelt
1 EL Rapsöl

ZUCCHINI-COUSCOUS-BREI

mit Rind

Pro Portion (50 g) 87 kcal, 3 g F, 8 g KH, 1 g B, 6 g E

Zucchini, Couscous und Rindfleisch mit 300 ml Wasser in einem kleinen Topf zum Kochen bringen, dann sofort die Hitze reduzieren und alles in 20 Minuten mit geschlossenem Deckel gar ziehen lassen. Mit einem Kartoffelstampfer musig stampfen und mit einem Schneebesen zu einem lockeren Brei rühren, dabei das Öl unterziehen. Wenn der Brei eingefroren wird, das Öl erst später zugeben.

Für 250 Gramm

300 g Zucchini, klein gewürfelt
50 g Couscous
100 g Tatar vom Rind
1 EL Rapsöl

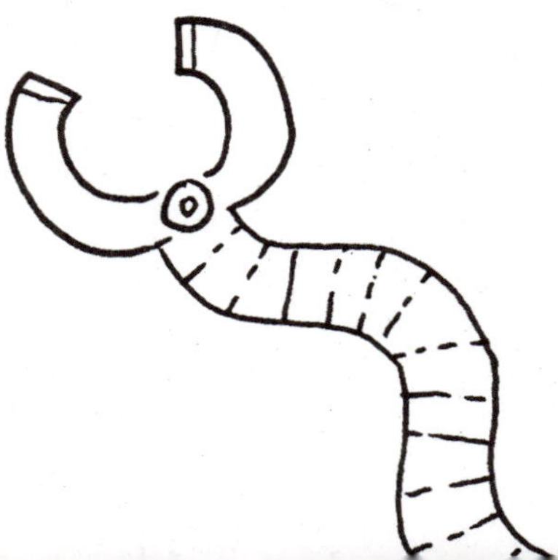

Das erste Mal Kuhmilch fürs Kind, das ist für manche Eltern ein komisches Gefühl. Die Milch ist aber wichtig! Sie liefert viele Nährstoffe für Ihr Baby und macht zusammen mit dem Getreide wunderbar satt. Auch für allergiegefährdete Kinder sind die Breie geeignet; die Babys sollen jetzt mit dem „Allergen" Kuhmilch in Kontakt kommen, damit sie später keine Allergie entwickeln.

GRIESSBREI
mit Blaubeeren

Für 300 Gramm

200 ml Vollmilch
20 g Vollkorngrieß
3 EL roter oder weißer Traubensaft
2 EL Blaubeeren

Pro Portion (50 g) 40 kcal, 1 g F, 5 g KH, 1 g B, 2 g E

Die Milch erwärmen, den Grieß mit dem Schneebesen unterrühren und unter ständigem Rühren zum Kochen bringen. Bei schwacher Hitze 5 Minuten quellen lassen. Traubensaft und Blaubeeren unterrühren und den Brei kurz abkühlen lassen.

Tipp: Schmeckt auch mit aufgetauten TK-Beeren.

HAFERBREI
mit Birnen und Zimt

Pro Portion (50 g) 48 kcal, 1 g F, 7 g KH, 1 g B, 2 g E

Die Milch erwärmen, Haferflocken und Birne einrühren; die Mischung kurz aufkochen und 3 Minuten bei schwacher Hitze quellen lassen. Zum Schluss mit Zimt abschmecken.

Für 300 Gramm

200 ml Milch
2 EL zarte Haferflocken
1 Birne, fein gerieben
1 Msp. Ceylon-Zimt

DINKELBREI
mit Pfirsich

Pro Portion (50 g) 42 kcal, 1 g F, 5 g KH, 1 g B, 2 g E

Die Milch mit den Dinkelflocken in einen kleinen Topf geben und einmal aufkochen lassen. Dann vom Herd nehmen und 10 Minuten quellen lassen.

Fruchtstücke in ein hohes Gefäß geben und mit dem Pürierstab zu einem glatten Mus pürieren. Unter den Dinkelbrei mischen.

Tipp: In der Regel lässt sich ein reifer Pfirsich gut schälen. Falls es doch einmal schwierig wird: Den Pfirsich über Kreuz einritzen, mit kochendem Wasser übergießen und anschließend halbieren, entkernen und achteln.

Für 300 Gramm

200 ml Milch
20 g Dinkelflocken, fein gequetscht
1 reifer Pfirsich, geschält und geachtelt

HAFERBREI
mit Banane und Himbeeren

Für 180 Gramm

100 ml Milch
2 EL zarte Haferflocken
1 Banane, geschält und in dünnen Scheiben
2 EL Himbeeren
1 TL Butter

281 kcal, 9 g F, 38 g KH, 5 g B, 7 g E

Milch oder Wasser in einem kleinen Topf zum Kochen bringen und die Haferflocken einrühren. Den Topf sofort vom Herd nehmen und den Brei 5 Minuten ziehen lassen. Banane und Himbeeren in ein hohes Gefäß geben und mit einem Stabmixer glatt pürieren. Das Obstmus zu dem Haferbrei geben, die Butter zugeben und unterrühren.

Tipp: Statt Milch können Sie auch 100 ml Wasser verwenden. Tiefgekühlte Himbeeren eignen sich ebenfalls. Diese vorher auftauen lassen.

ZWIEBACKBREI
mit Apfel

280 kcal, 7 g F, 44 g KH, 5 g B, 5 g E

Milch oder Wasser in einem kleinen Topf einmal aufkochen. Zwieback grob zerbröseln, in einen tiefen Teller füllen und mit der heißen Flüssigkeit mit einer Gabel zu einem glatten Mus zerdrücken. Apfel zugeben und mit der Butter zu einem glatten Brei rühren.

Für 180 Gramm

2 Zwiebäcke
75 ml Milch oder Wasser (siehe Tipp links)
1 Apfel, fein gerieben
1 TL Butter

BROTBREI
mit Erdbeeren und Banane

267 kcal, 6 g F, 40 g KH, 7 g B, 6 g E

Milch oder Wasser aufkochen. Das Knäckebrot in einen tiefen Teller bröseln, mit der heißen Flüssigkeit übergießen, dann mit einer Gabel zerdrücken. Erbeeren und Banane in ein hohes Gefäß geben und mit einem Stabmixer glatt pürieren. Das Obstmus und die Butter in den tiefen Teller geben und unterrühren.

Für 180 Gramm

50 ml Milch oder Wasser (siehe Tipp links)
2 Scheiben Knäckebrot
100 g Erdbeeren
1 Banane, geschält
1 TL Butter

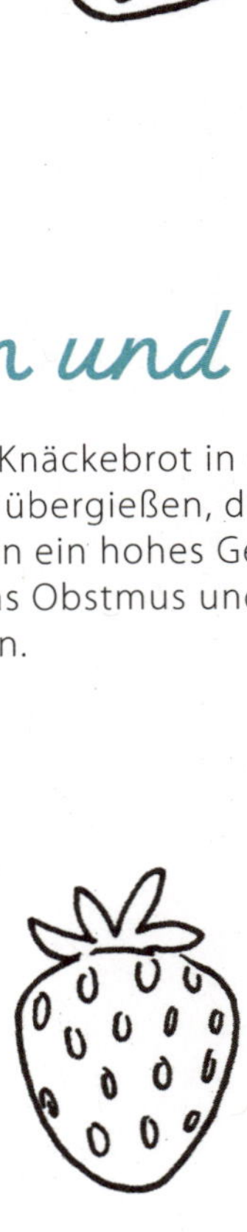

Hier bereiten Sie jeweils eine größere Menge zu, denn Getreide-Obst-Breie lassen sich hervorragend einfrieren. Aber sie schmecken auch als i-Tüpfelchen in Joghurt oder Quark oder als Marmeladenalternative auf Frischkäse. Im Sommer können Sie die leckeren Kreationen in leeren Joghurtbechern einfrieren, so erhalten Sie ein fruchtiges, selbst gemachtes Eis!

Apfel-Birnen-HIMBEER-BREI

Für 10 Portionen

250 g Äpfel, fein gewürfelt
250 g Birnen, fein gewürfelt
200 g Himbeeren
2 EL feine Haferflocken

36 kcal, 0 g F, 7 g KH, 2 g B, 0 g E

Äpfel, Birnen, Himbeeren, Haferflocken und 100 ml Wasser in ein hohes Gefäß geben und mit einem Stabmixer zu einem lockeren Brei pürieren. Falls der Brei etwas zu fest geworden ist, noch etwas Wasser zugeben.

Blaubeer-
BANANEN-BREI

29 kcal, 0 g F, 5 g KH, 2 g B, 0 g E

Für 10 Portionen

250 g Blaubeeren
2 Bananen, geschält
2 EL Chiasamen, bereits gequollen

Blaubeeren, Bananen, Chiasamen und 100 ml Wasser in ein hohes Gefäß geben und mit einem Stabmixer zu einem lockeren Brei pürieren. Falls er etwas zu fest geworden ist, noch ein wenig Wasser zugeben.

Tipp: Sie können auch aufgetaute TK-Blaubeeren verwenden.

Aprikosen-
BANANEN-BREI

20 kcal, 0 g F, 4 g KH, 1 g B, 0 g E

Für 10 Portionen

250 g reife Aprikosen
1 kleine Banane, geschält
2 EL Dinkelflocken

Die Aprikosen über Kreuz einritzen und mit kochendem Wasser übergießen, 1–3 Minuten in dem heißen Wasser liegen lassen, dann schälen, entkernen und vierteln. Die Banane mit den Aprikosenstücken und den Dinkelflocken zu einem glatten Mus pürieren.

Roter
BEERENBREI

27 kcal, 0 g F, 4 g KH, 2 g B, 1 g E

Für 10 Portionen

200 g Blaubeeren
200 g Himbeeren
300 g Erdbeeren
50 g gemahlene Nüsse nach Wahl

Die Früchte und Nüsse in eine Schüssel füllen und mit einem Stabmixer zu einem glatten Brei pürieren.

Tipp: Funktioniert auch prima mit TK-Beeren, diese dann vorher auftauen lassen.

REGISTERED
TRADEMARK
SHARK WHEEL

SERVICE

Schule ist

HILFREICHE ADRESSEN UND KONTAKTE

Bundeszentrum für Ernährung
www.bzfe.de

Forschungsinstitut für Kinderernährung
www.fke-do.de

Berufsverband Oecotrophologie e.V.
www.vdoe.de

Verband der Diätassistenten
www.vdd.de

Der Verband für Ernährung und Diätetik e.V. (VFED)
www.vfed.de

QUETHEB e.V. – Deutsche Gesellschaft der qualifizierten Ernährungstherapeuten und Ernährungsberater
www.quetheb.de

Bundesinstitut für Risikobewertung
www.bfr.de

Deutsche Gesellschaft für Ernährung
www.dge.de

Verbraucherzentralen
www.verbraucherzentrale.de

Informationsportal Ökolandbau.de
www.oekolandbau.de

Deutscher Allergie- und Asthmabund
www.daab.de

DAS WIRD GEKOCHT, WENN

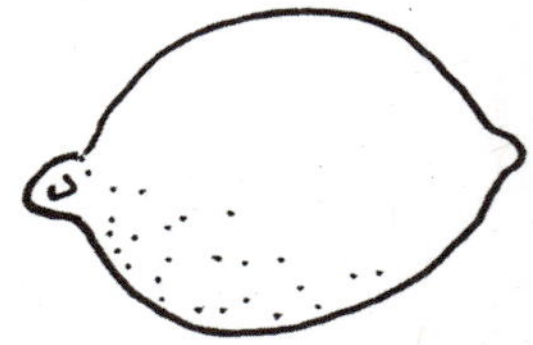

... es richtig schnell gehen muss

... viele kleine hungrige Esser am Tisch sitzen

... Kindergeburtstag gefeiert wird

… es sonnig und warm ist

REZEPT- UND ZUTATENREGISTER

G

H

J

K

L

M

N

O

P

Q

R

DIE AUTORINNEN

Lena Elster

weiß, wie es geht: Mit ihrem Kinder-Catering-Service *Für kleine Feinschmecker* begeistert sie seit fast zehn Jahren kleine und große Gourmets mit ihren bunten Rezeptideen. www.fuer-kleine-feinschmecker.de

Johanna Wack

ist Diplom-Oecotrophologin und berät seit vielen Jahren Menschen aller Altersstufen zum Thema Ernährung. www.essenverstehen.de

Die beiden Mütter wissen aus eigener Erfahrung, wie man mit Kindern und für Kinder gesund, vielseitig und lecker kocht. Herausgekommen ist dabei dies: Ein Kochbuch mit allerlei Gerichten, die genauso schnell gegessen wie hingezaubert sind – Yummy Mami ruckzuck.

Illustration

Justine Göhrke ließ als Kind Kuscheltiere und Spielzeugautos links liegen und vergnügte sich stattdessen mit Papier und Stiften. Mittlerweile hat sie als staatlich geprüfte Grafikdesignerin volles Recht, ihren Gestaltungsdrang auszuleben. www.85karat.de

Fotografie

Julia Hoersch arbeitet seit vielen Jahren in Hamburg als freie Fotografin für namhafte Magazine, Agenturen und Buchverlage. Ihre große Leidenschaft gilt vor allem der Food- und Kinder-Fotografie. www.juliahoersch.de

Foodstyling

Sarah Trenkle ist ausgebildete Köchin und weiß Rezepte mit Präzision, handwerklicher Fertigkeit und Liebe zum Detail perfekt in Szene zu setzen. www.sarahtrenkle.de

Requisite

Katja Graumann beschäftigt sich auch beruflich mit den schönen Dingen des Lebens. Die Diplom-Designerin arbeitet seit Jahren als freie Stylistin für renommierte Zeitschriften und Buchverlage. www.katja-graumann.de

Kindercasting

Nelly Mager ist freie Stylistin und Produzentin für Zeitschriften und Buchverlage in Hamburg. Bei diesem Buch war sie verantwortlich für die fröhlichen Gesichter vor der Kamera.

Grafische Gestaltung

Gesa Sander studierte Kommunikationsdesign und lebt als freie Illustratorin und Grafikerin in Hamburg. Sie arbeitet für renommierte Magazine, Buchverlage und Werbeagenturen. www.gesasander.de

Lektorat

Kathrin Nick lebt und arbeitet als freie Redakteurin in Köln. Kochbücher gehören zu ihren Lieblingsprojekten; mit unermüdlicher Akribie hat sie Lenas Rezepte in Buchform gebracht – unterstützt von ihrer zweijährigen Tochter, die beim Probeessen alle Gerichte mit „Noch mehr!" kommentierte. www.kathrinnick.de

Stiftung Warentest
Lützowplatz 11–13
10785 Berlin
Telefon 0 30/26 31-0
Fax 0 30/26 31-25 25
www.test.de
email@stiftung-warentest.de

USt.-ID-Nr.: DE 1367 25570

Vorstand: Hubertus Primus
Weitere Mitglieder der Geschäftsleitung:
Dr. Holger Brackemann, Daniel Gläser

Programmleitung: Niclas Dewitz

Projektleitung: Lisa Frischemeier

Autorinnen: Lena Elster, Johanna Wack
Lektorat: Kathrin Nick, Köln
Korrektorat: Christin Geweke, Nienhagen
Mitarbeit: Merit Niemeitz
Grafik, Satz und Titelentwurf:
Gesa Sander, Hamburg
Illustrationen: Justine Göhrke, Berlin

Fotografie: Julia Hoersch, Hamburg
Foodstyling: Sarah Trenkle, Hamburg
Requisite: Katja Graumann, Hamburg
Kindercasting: Nelly Mager, Hamburg

Produktion: Vera Göring
Verlagsherstellung: Rita Brosius (Ltg.), Susanne Beeh, Romy Alig
Litho: typocepta, Köln
Druck: Firmengruppe APPL, aprinta druck, Wemding

ISBN: 978-3-7471-0037-0

Wir haben für dieses Buch 100% Recyclingpapier und mineralölfreie Druckfarben verwendet. Stiftung Warentest produziert ausschließlich in Deutschland, weil hier hohe Umweltstandards gelten und kurze Transportwege für geringe CO_2-Emissionen sorgen.